Algoritmos, renuncias y otros mitos del empleo

Algoritmos, renuncias y otros mitos del empleo

Seis claves para comprender el futuro del trabajo

Javier Esteban

Plataforma
Editorial

Primera edición en esta colección: enero de 2025

© Javier Esteban, 2025
© de la presente edición: Plataforma Editorial, 2025

Plataforma Editorial
c/ Muntaner, 269, entlo. 1.ª – 08021 Barcelona
Tel.: (+34) 93 494 79 99
www.plataformaeditorial.com
info@plataformaeditorial.com

Depósito legal: B 22202-2024
ISBN: 978-84-10243-93-4
IBIC: KJ

Printed in Spain – Impreso en España

Diseño de cubierta:
Pablo Nanclares

Realización de cubierta:
Grafime S. L.

Fotocomposición:
gama, sl

El papel que se ha utilizado para imprimir este libro proviene
de explotaciones forestales controladas, donde se respetan
los valores ecológicos y sociales, y el desarrollo sostenible del bosque.

Impresión:
Sagrafic

Índice

Aviso de dragones

El mayor problema a la hora de escribir un libro sobre el futuro del empleo es que *Los Simpson* ya lo predijeron todo. Es un lastre irresoluble para todo autor que pretenda hablar de las claves que afectarán no solo a los puestos de trabajo, sino a las empresas que crearán estos empleos en los próximos años. Cualquiera de las novedades laborales que hoy llenan titulares tanto de los medios generales como especializados, ya sea el teletrabajo, la *gig economy*, la jornada de cuatro días, «la gran dimisión», el choque generacional en las plantillas, las entrevistas de trabajo automatizadas o todas las derivadas imaginables de esa revolución industrial continua que ahora llamamos «digitalización», desde los coches autónomos a la inteligencia artificial generativa (IAG), pasando por el metaverso, puede encontrar su reflejo humorístico (y cáustico) en un capítulo de las primeras temporadas de la serie creada por Matt Groening. Las redes sociales están llenas de miles de memes que nos lo recuerdan.

Dicho esto, la aparente capacidad visionaria de aquel equipo de guionistas tiene truco. *Los Simpson* son una sátira que, como todas las sátiras, no pretende en realidad predecir nada, sino sintonizar con el espíritu de su época. Esto es: con los sueños, esperanzas, inquietudes y decepciones de una sociedad que busca en el humor una pequeña válvula de escape que les ayude a poner en perspectiva todo aquello que, de otra forma, les asfixiaría por resultarles por completo fuera de su alcance. Si podemos sentir complicidad con aquellas historias, aunque sea a través de una sonrisa, se debe a que a finales de 1989, cuando empezó a emitirse la serie, preocupaban cuestiones bastante similares a las que hoy también amenazan con superarnos, a pesar de que por aquel entonces faltaban años para que la mayoría tuviéramos Internet en casa.

Porque por mucho que se transforme la tecnología y su impacto en el mundo del trabajo, y aunque se concrete de maneras que era imposible pronosticar hace treinta años, hay algo que no ha cambiado tanto: el *hype*, el bombo y la publicidad que le rodea. La carcajada y no el marketing es el verdadero antídoto contra el fatalismo.

Mi nombre es **Javier Esteban**. Tal vez me conozcáis por escribir análisis sobre el mercado laboral en el diario *elEconomista.es*, mi actividad en redes sociales como LinkedIn o por otras cosas que señala la biografía en la solapa de este ejemplar, pero lo que de verdad importa ahora mismo es que, como a muchos de vosotros, *Los Simpson* dejaron de hacerme gracia a partir de la novena temporada, aunque no me había puesto a pensar en serio en el porqué hasta el momento de sentarme a redactar esta introducción.

Después de darle vueltas un tiempo, creo que la razón no es tanto que los guiones fueran peores, sino que habían perdido esa imprescindible distancia con el objeto de la sátira sin la que esta no funciona igual de bien. No es lo mismo reírse del flujo de tendencias intercambiables que van y vienen, que centrarse demasiado en parodiar una en particular. Cuando esto ocurre, su fecha de caducidad se contagia a la obra.

Esta no es una obra satírica (ni, huelga decirlo, de crítica televisiva), pero ante el desafío de abordar un tema tan amplio y complejo como el devenir del mercado de trabajo, se expone a un problema similar: gastar páginas y el tiempo del lector en realidades efímeras, meras anécdotas con los meses contados mientras se desprecian otras que cambiarán nuestras vidas a niveles impensables.

¿Puede un libro hablar del futuro del empleo sin quedarse obsoleto en cinco o diez años, si no antes? No hablo solo de análisis tecnológicos. Muchas de las revoluciones sociológicas y demográficas que estarían sacudiendo a las plantillas de las empresas de todo el mundo, según la mayor parte de la literatura de negocios actual, puede que ya ni existan para cuando este volumen —o su equivalente digital— aterrice en tus manos.

A lo largo de mi carrera me ha tocado ver explotar burbujas suficientes como para no apreciar estos riesgos. El arranque del siglo XXI no ha sido precisamente rácano en grandes crisis, pero sus derivadas laborales trascienden el binomio macroeconómico de creación/destrucción de empleo para llegar a algo de lo que se escribe muy poco: las expectativas y el riesgo de que distorsionen nuestro potencial como profesionales, como trabajadores, emprendedores, empresarios o incluso seres humanos.

Cuando hoy, en 2024, mientras escribo estas líneas, leo acerca de oportunidades laborales tales como «minero de criptomoneda», «ingeniero de *prompt*», «arquitecto del metaverso» o «creador de contenidos», intento no pensar en ellas como profesiones de nombres exóticos que han venido para quedarse, sino como los síntomas puntuales y efímeros de las verdaderas tendencias que conducen a un escenario de complejidad creciente, en el que el papel protagonista ya no reposa solo en las decisiones de los humanos, sino que depende de otros factores que parecen ajenos a ellos, como la automatización a través de algoritmos e inteligencia artificial.

Aquí entramos de lleno en el territorio del *hype*. Un concepto tan básico, tan común, que puede parecer innecesario profundizar en su definición. Ni siquiera nos molestamos en traducirlo al castellano porque no encontramos palabras que evoquen lo mismo de una manera tan elegante —bombo, alharaca o exageración no son sinónimos muy presentables en ciertos contextos— y tampoco es tan relevante como para buscarlo: a fin de cuentas el *hype* no sería más que las expectativas generadas por el anuncio de un producto, ya sean zapatillas, teléfonos móviles o una película de superhéroes, ¿no?

Sí y no. Porque cuando el propio concepto de producto se ha ampliado exponencialmente y ya no se limita a un *gadget* tecnológico o a un acondicionador de pelo, cuando ya no hablamos de «marcas», sino de «estructuras» socioeconómicas como el mercado laboral, pero seguimos aplicando las mismas estrategias para retroalimentar la ansiedad por la información instantánea, el *hype* distorsiona las decisiones que afectan a millones de puestos de trabajo y decenas de miles de empresas.

Es un arma de doble filo. Por un lado, puede dinamizar negocios e inversiones, y por el otro podría desequilibrar profundamente la creación de empleo, la formación de la mano de obra y desviar la financiación de proyectos mucho más eficientes. Su peso en las decisiones personales tiene también una de cal y otra de arena: cualquier consejo profesional es una moneda al aire que puede destrozarte la vida o cambiártela a mejor.

Por ello ha surgido toda una industria de consultoría dedicada a hacer negocio vendiendo mapas para gestionarlo. El más célebre es el «ciclo de *hype*» o también llamado «ciclo de sobreexpectación», elaborado por la consultora Gartner, que cada año evalúa la posición de los avances tecnológicos a lo largo de una curva que, desde la fase de lanzamiento, transcurre por etapas con nombres tan sugerentes como el «pico de expectativas sobredimensionadas», el «abismo de desilusión» y la «rampa de consolidación» hasta la «meseta de productividad», que supone su implantación e impacto definitivo en la economía real.

El mayor provecho que yo le encuentro a este gráfico viene de descubrir que son muy escasas las tecnologías emergentes que completan el trayecto. Muchas ni siquiera repiten de un ejercicio al siguiente, lo que muestra la paradoja de que una herramienta para medir el *hype* sucumba rotundamente a él.

En el ámbito del empleo no tenemos un equivalente a este «ciclo de sobreexpectación» porque hasta hace poco las realidades laborales no se consideraban tan volátiles como las tecnológicas. A cambio, contamos con decenas de miles de informes, análisis, estudios y diagnósticos que en muchos casos rozan la nota de prensa y generan un ruido cada vez más ensordecedor con el que pretenden influir en el relato de los medios de comunicación y, a través de él, en el debate de política laboral de alto voltaje que deciden Gobiernos y organismos supranacionales. Y no sería algo tan malo si esta disparidad contribuyera a aclarar las cosas.

Los mapas medievales acotaban los territorios ignotos con dibujos de serpientes marinas y criaturas colosales e imposibles; una práctica que hoy se define con la expresión latina *hic sunt dracones* («aquí hay dragones»). Era una manera de reconocer su ignorancia y los fantasmas y peligros que podrían habitar en los territorios inexplorados, pero más que invitar a la prudencia mediante el miedo, la misión de esos mapas era estimular la imaginación de los exploradores.

Muchos de los pronósticos que se dibujan sobre el futuro del empleo tienen el mismo objetivo. Aunque los hay también que son mucho menos humildes: sustituyen a las bestias mitológicas por una forma *hype* que presentan como una certidumbre. Como una parte real del territorio que ellos dicen haber explorado. Los que les siguen no corren el riesgo de ser devorados, pero sí de acabar perdidos y tomar decisiones más devastadoras que cualquier dragón.

El presente libro también propone su propio mapa de lo ignoto, pero desde una perspectiva diferente, centrado en ayudar al lector a abordar esos principales *hypes* laborales. No es un camino en línea recta y está mediatizado por los intereses de cada lector.

En el primer capítulo del libro, «**El glamour oxidado**», exploraré cómo la digitalización promete afectar al propio concepto de trabajo. Los nuevos modelos de negocio prometen también nuevos tipos de relaciones laborales, pero todos conocemos casos muy sonados en los que esta idealización ha dado lugar a visiones irreales que llegan a chocar con la legalidad. Pero esto solo es una parte de la historia.

En el segundo, «**La generación perpleja**», se analizarán los tópicos y lugares comunes sobre la convivencia de diferentes generaciones en las empresas y cómo una manera errónea de gestionarlo en países como España ha conducido al «edadismo» laboral para los séniors, pero ojo: también para los jóvenes. Mientras tanto, el verdadero problema sigue pasándose por alto.

El tercero, «**La dimisión impensable**», funciona como una continuación de la anterior y habla de un fenómeno tan inédito en el mercado laboral global —y sobre todo español— como «la gran dimisión»: el *hype* laboral por excelencia para muchos, pero que encierra cuestiones económicas y demográficas claves para las próximas décadas.

El cuarto, «**El holograma como coartada**», incide en cómo empleadores y empleados han tratado de adaptarse a las nuevas posibilidades tecnológicas de la operativa en remoto y en cómo esto ha generado poderosos mitos alrededor de la organización temporal y espacial del trabajo. Desde la semana laboral de cuatro días al mismísimo metaverso.

Con el quinto, «**La rebelión del autómata**», entraremos de lleno en el concepto de automatización tanto a través de robots como de inteligencias artificiales: un proceso imparable cuyo verdadero potencial queda distorsionado a ojos de los mayores interesados —empresas y trabajadores— por la sobreexposición de cada nuevo avance o aparato.

Y en el último capítulo, «**Líderes contra hipopótamos**», exploraremos las implicaciones de dos preguntas clave. ¿Están de verdad preparados los líderes empresariales para bregar con la transformación del mercado de trabajo? ¿Quién y cómo debe tomar las riendas?

Decir que cada uno de estos capítulos merece su propio libro es obvio, pero muchas veces los análisis o son demasiado técnicos y complejos, o todo lo contrario, para que nos puedan servir como guía para unos desafíos a los que todos, tarde o temprano, nos enfrentaremos.

Escribo desde un momento y un lugar concreto, y los datos y análisis que usaré provienen de mi trabajo diario.

Sin embargo, esta obra no es una recopilación de artículos, ni una crónica periodística, ni mucho menos un manual de economía. Mi objetivo es ayudar a activar el engranaje de un pensamiento crítico que muchas veces se ve bloqueado por el óxido del bombo publicitario, y también por el de un pesimismo excesivo.

Los asuntos elegidos no agotan todas las cuestiones previstas, previsibles e inesperadas en juego, pero creo que sientan las bases para dibujar una imagen completa del conjunto. Eso sí, primero hay que acotar el espacio sobre el que se dibuja este mapa. El punto de partida.

Usted está aquí (o no)

El poeta José Ángel Valente explicaba el canon de la pintura china con una frase luminosa: «Señalar una esquina ya es bastante [...] Para quienes no puedan hallar las otras tres, inútil fuera repetirse».

Muchas veces, al tratar de abarcar las cuatro esquinas de un cuadro tan complejo como el del futuro del empleo, se plantea como una exposición continua de tendencias y novedades que oculta en realidad un laberinto de tópicos tan generales, que no dicen nada útil a nadie.

De manera similar a lo que ocurre con los análisis sobre tecnología, en los que los lectores —y a menudo los propios autores— corren el riesgo de caer en el síndrome del «miedo a perderse cosas» («*Fear of Missing Out*», el famoso FOMO), los que hablan de su impacto en el empleo parecen obligados a sacarse también de la manga revoluciones y cambios de paradigmas constantes. ¿Quién los leería si no fuera así?

El *hype* se nutre así de un ansia de novedades que, muchas veces, no son tales. A estas alturas, la mayoría nos creemos impermeables a esta lluvia, pero no por ello se convierte en algo inocuo: el problema de fondo es que dibujan una visión limitada del mercado laboral.

Una expresión que aparecerá con frecuencia en estas páginas es la de «sesgo de ombligo». Con ella me refiero a cómo nuestras particulares experiencias, relaciones personales y objetivos profesionales condicionan nuestra manera de entender las de aquellos que trabajan en ámbitos que no tienen nada que ver con el nuestro y nos llevan a dar por hecho que han de ser las mismas. Y cuando asumamos que no es así, las consideramos minoritarias.

Los periodistas que escribimos sobre empleo somos un buen ejemplo de esto. Al margen de que los algoritmos de los motores de buscadores y redes sociales intervengan cada vez más a la hora de elegir qué contamos y cómo, a la hora de la verdad seguimos pensando en «un lector ideal» cuyos valores, inquietudes e incluso situación socioeconómica se presuponen en gran parte desde de la línea editorial del medio, pero también desde las circunstancias personales de cada redactor.

Un ejercicio interesante sería reflexionar acerca de cómo el *hype* alrededor del auge y caída del teletrabajo evoluciona desde que a unos cuantos se nos manda a trabajar en remoto por la pandemia y se nos hace volver a las redacciones y todo lo que nos ocurrió entre medias. Podemos actuar haciendo lo mismo con la inteligencia artificial, el envejecimiento de la población, el tiempo de trabajo y prácticamente la totalidad de los temas que tratará este libro, que en cierto sentido nace de la necesidad de desbrozar una senda casi impracticable porque los «jardineros», asumámoslo, no hemos hecho el mejor trabajo: también confundimos los rosales con enredaderas.

Más allá de la autocrítica profesional aquí encontramos el gran hándicap a la hora de hablar de las claves que delimitarán el futuro del empleo: dejamos fuera a muchas personas y colectivos que no tienen la misma capacidad de hacer escuchar sus necesidades, problemas y demandas en el debate mediático, que es el que más presión ejerce sobre el ámbito académico, institucional y político. Olvidar que el mercado laboral es un ecosistema complejo y plural acaba llevando a tomar decisiones que no son las más oportunas para el grueso del tejido empresarial y la población trabajadora, que seguramente acabarán rechazando unas propuestas planteadas al margen de su realidad.

El trabajo es la variable económica que más determina la vida de las personas en aquellos ámbitos no económicos. Pensemos en cómo funciona el trabajo: garantiza una contraprestación en forma de un sueldo y otras compensaciones que obtenemos vinculadas a él —prestaciones sociales y sanitarias, sin ir más lejos— a cambio de un esfuerzo físico y mental continuado y diario que nos obliga a reorganizar también todo el tiempo que no le dedicamos, lo que acaba afectando a nuestra propiocepción personal y profesional tanto o más que la propia nómina, que a fin de cuentas solo nos ingresan una vez al mes o cuando hemos terminado la tarea.

Este principio se puede aplicar a todas las personas que tienen o buscan un empleo, pero no a todas de la misma forma.

No es solo una cuestión salarial: usando una terminología clásica y quizás algo desfasada —pero útil y que sigue siendo muy utilizada en el ámbito que nos atañe—, esta relación personal con el empleo y lo que nos aporta es igual de relevante para «los trabajadores de cuello blanco» y «los de cuello azul».

Ambos son igual de imprescindibles para la sostenibilidad del modelo productivo y la actividad de las empresas, y es demasiado ingenuo pensar que el mundo del trabajo solo se va a transformar siguiendo los estándares de una parte de los trabajadores, aunque esos sean precisamente el público objetivo de la mayoría de los textos sobre gestión del talento y promoción profesional.

No podemos sortear los múltiples *hypes* sobre el futuro del trabajo sin entender la pluralidad de sus protagonistas, y sin superar en lo posible el «sesgo de ombligo». ¿Pero cómo se logra esto? La respuesta habitual es los datos. Y sí, los datos son el arma definitiva para romper prejuicios, pero también pueden usarse para alimentarlos. Por ello siempre hay que recopilarlos a partir de las preguntas adecuadas.

Mi trabajo diario no es precisamente parco en el análisis de estadísticas y magnitudes procedentes de todo tipo de fuentes, pero no de cualquiera.

Por lo general, las que más confianza me inspiran son las de organismos públicos nacionales e internacionales, universidades o servicios de estudio de rigor contrastado.

Esas investigaciones no son verdades absolutas y muchas parecen contradictorias en sus conclusiones, pero el trabajo de campo, por llamarlo así, es impecable y suele evitar los apriorismos. La tecnología digital permite el uso cada vez mayor de volúmenes de datos en tiempo real —eso que llaman *big data*—, pero en lo que se refiere al análisis del mercado laboral las estadísticas convencionales siguen siendo válidas, aunque mejorables.

De lo que no me fío demasiado es de cierto tipo de encuestas e informes que bombardean las bandejas de entrada de las redacciones y esconden poco más que un estudio de mercado tras la falacia del dato, que en su caso no es más que otra variante de la clásica falacia de autoridad, fuente inagotable de *hype*.

Como he apuntado hace unas páginas, este libro no es un manual de economía ni de periodismo laboral, así que voy a detenerme en pocas estadísticas y estudios. El objetivo, más humilde, es compartir una serie de reflexiones fruto de años de trabajo analizando datos y tendencias del mercado de trabajo, pero como seguramente lo que sigue va a contrariar algunas ideas que se venden sobre el futuro del empleo me parece pertinente apuntarlo.

Ahora bien: ¿sobre qué escenario se desarrollará ese futuro? Nadie puede negar que la tercera década del siglo XXI ha empezado a lo grande, pero la nueva normalidad tras la pandemia se parece bastante a la anterior.

En el ámbito laboral, desde el fin de la Gran Recesión nos lanzamos a la búsqueda de equilibrios que parecían imposibles, y el covid-19 solo reveló la complejidad de ese camino. Por un lado, tenemos una apuesta por el intervencionismo político para evitar nuevas burbujas que al pinchar provoquen crisis de empleo y recortes que dispararían aún más la tensión social en las mal llamadas «economías desarrolladas» —más correcto sería denominarlas «economías cuyo ciclo de riqueza se encuentra en un grado más alto de madurez y que aspiran a crecimiento potencial sostenido, aunque más moderado que en otras etapas»—. Y por el otro, la necesidad de que esto no asfixie a la actividad económica y emprendedora en un entorno en el que la globalización, agrietada por las mencionadas crisis económicas y sociales de los últimos quince años, ha dado paso a una guerra comercial abierta impulsada por la agresiva competencia de las «economías emergentes» —que hasta hace unos lustros se englobaban entre eso que el imaginario colectivo postsoviético catalogaba como «países en vías de desarrollo»—.

La pandemia fue un *shock* a todos los niveles, pero en el ámbito de las políticas económicas parecía señalar que íbamos en la dirección correcta, que gastar miles de millones para salvar empleos era la solución y que de la colaboración entre Gobiernos y empresas iba a emerger un nuevo modelo de capitalismo responsable no hacia los accionistas, sino hacia la sociedad: la reivindicación de las tesis del Foro Económico Mundial.

Luego llegaron los problemas de suministros, la falta de mano de obra que parecía acelerar varios lustros los efectos del envejecimiento demográfico, la inflación y, por supuesto, más guerras. Guerras de verdad, las de las bombas.

Asistimos a un intento de regular la economía digital que abre un período de incertidumbre para los sectores, empresas y empleos que dependen de ella. La propiedad y privacidad de los datos, la desinformación, la soberanía en la nube y, por supuesto, el desarrollo de la inteligencia artificial —ahora que existe algo que puede considerarse casi como tal— son distintos frentes de un inmenso campo de batalla en el que las escaramuzas puntuales nos pueden hacer perder de vista el todo.

Precisamente al calor del *hype* sobre la inteligencia artificial se ha rescatado el concepto de «singularidad», un punto en el que las máquinas piensen de una manera que supere la capacidad de comprensión y adaptación humana, pero no creo que estemos ni remotamente cerca de ese escenario ni es el que debería preocuparnos. El único síntoma de singularidad es la lentitud de leyes y políticas para adaptarse a estos avances.

Cuando hablamos del impacto de la tecnología en el empleo, la palabra mágica es «productividad». Parece un concepto sencillo de definir, casi tautológico: «Lo que una persona produce por unidad de tiempo de trabajo», pero no es tan sencillo.

Desde el punto de vista de la empresa, la productividad también puede referirse al retorno que genera una inversión o gasto en materias primas, maquinaria, tecnología o... personas. Y aquí entran en cuestión los costes laborales.

Este es un factor que no se suele contemplar en muchos escenarios predictivos: lo que les cuesta a las empresas contratar y crear empleo —y a los emprendedores, cómo no, emprender—. Aquí tenemos un complejo tapiz en el que fiscalidad, reparto de la riqueza, tecnología, poder adquisitivo y disponibilidad de la mano de obra chocan con una intensidad de la que la ciudadanía es cada vez más consciente, sobre todo tras una crisis como la vivida una década antes.

En los últimos años han cobrado protagonismo las propuestas tributarias para redistribuir la riqueza y compensar el endeudamiento al que llevaron unas estrategias de incremento del gasto público obligadas por la situación vivida en los momentos más duros de 2020, pero tal y como se han materializado, su aplicación parece limitarse hacia dos formas de proteccionismo: combatir los grandes monopolios tecnológicos y frenar la entrada de empresas de países considerados potencialmente hostiles —como China— dentro de esta nueva y rara globalización.

No se atisban grandes planes para fomentar la inversión productiva y la reindustrialización en economías que amenazan con quedarse rezagadas. No, al menos, planes que den resultados.

Lo que seguramente no sufrirán cambios a la baja serán los sistemas de prevención social más ligados al empleo y financiados por cotizaciones —prestaciones de paro y pensiones— o impuestos. En el caso concreto de España, se harán cambalaches contables para cuadrar las cifras, pero los trabajadores y las empresas pagarán tributos similares para sostener un sistema que seguirá siendo criticado y rentabilizado a partes iguales desde intereses económicos y políticos. Claro que, ¿quién le pone el cascabel al gato?

Esto se une al efecto de la falta de mano de obra en sectores clave, pero que afecta también a los salarios y al poder negociador de los empleados, situación que muchas compañías se plantean atajar por la receta clásica de una deslocalización de trabajadores, con la novedad de que ya no es solo física, sino también digital, explorando las promesas que abre el desarrollo de internet para tener empleados —no necesariamente contratados— en remoto desde latitudes que permiten condiciones y costes laborales algo más rentables.

Una revolución que promete trascender no solo las condiciones en las que trabajamos, sino el propio concepto de relación laboral, aunque por ahora esté dando lugar a unos cuantos estrepitosos errores.

1.
El glamour oxidado

¿Qué fue de la economía colaborativa?

¿Qué son «las plataformas digitales»? Todos tenemos una idea general que puede resumirse en el siguiente esbozo: son «espacios para compartir contenidos e intercambiar productos y servicios que permite desarrollar interacciones profesionales y personales de todo tipo». Sin embargo, en la práctica, nos encontramos con casos y problemáticas tan diferenciadas que surge la duda acerca de si tienen algo en común, así que quizá convenga reformular el asunto desde cero.

¿De qué hablamos de verdad cuando mencionamos las plataformas digitales?

Aquí está el quid de la cuestión: nos podemos referir a redes sociales, emporios audiovisuales y musicales, tiendas de aplicaciones o de productos físicos, o «la nube» para disponer de todo tipo de *software* —desde videojuegos a ofimática—, sin necesidad de descargarlo y utilidades para comercio electrónico o que facilitan que cualquier profesional independiente, sea cual sea la rama de actividad a la que se dedica, ofrezca sus servicios.

Soy muy consciente de que no utilizo la terminología convencional —hasta a mí «ofimática» ya me suena anticuado—, pero esta no es, ni pretende ser, una obra sobre tecnología, sino acerca de cómo dicha tecnología puede afectar al empleo en un mundo real poblado por personas reales que tienen cosas mejores que hacer que chapotear hasta ponerse perdido en cada charco de jergas que le presenten.

Vayamos a lo simple: ¿por qué debería importarnos como empleados y empleadores?

Existe bastante debate académico alrededor de si estamos inmersos en una «cuarta revolución industrial». Es decir, acerca de si asistimos a un cambio lo suficientemente intenso, rápido y amplio en los medios de producción y las relaciones laborales para aventurar qué ocurrirá después; o si, sencillamente, se trata del desarrollo lógico y previsible del uso de herramientas ya inventadas.

Hay que tener en cuenta que la definición de la «tercera revolución industrial» se remonta apenas a la primera década del siglo. Su principal analista, Jeremy Rifkin, ya ponía una piedra de toque en el uso de Internet, acotando lo que aún hoy llamamos «economía colaborativa», pero supeditaba su relevancia a la de la irrupción de los nuevos tipos de energías renovables, como el hidrógeno, que aún no han alcanzado su pleno potencial.

Recordemos que a la «primera revolución industrial» la define el vapor, y a la «segunda» los combustibles fósiles, porque la disponibilidad de ambas limitaba las diversas tecnologías que se nutren de ellas. Si ni siquiera la energía nuclear ha logrado crear su propio peldaño ha sido porque no logró liderar el *mix* de fuentes de alimentación, un espacio por el que compiten con más fortuna las renovables.

Hoy por hoy, el desafío de la sostenibilidad afecta igual a las fábricas que a los grandes servidores que alojan a los supercomputadores y megaservidores donde se aloja el universo digital, un elemento crucial, pero supeditado a este enorme condicionante.

Sin embargo, voces como la de Klaus Schwab, del Foro Económico Mundial, hablan de que los desarrollos de los últimos quince años han dejado obsoleto un modelo de clasificación que entiende las revoluciones como marcos de desarrollo económico, social, cultural, tecnológico y, por supuesto, laboral, condicionados por las fuentes energéticas y nuestra capacidad de aprovecharlas. Otros les acusan, por su parte, de crear un *hype* sobre el papel y los límites de tecnologías demasiado recientes para estimar su impacto a largo plazo, como la evolución de la digitalización. El debate está ahí, y aunque queda lejos del alcance de este libro pretender zanjarlo, creo que ilustra una inquietud creciente.

Aunque aceptemos que el crecimiento exponencial del poder de computación y de gestión de los datos en los últimos veinte años no ha supuesto una revolución estrictamente hablando, sí ha provocado una disrupción del modelo de negocio de prácticamente todas las actividades económicas o con un impacto innegable también en los empleos.

En este contexto, las plataformas digitales surgen como una actualización de la visión de Internet que acompañaba al bautismo de la «tercera revolución industrial» para resolver su principal problema: la viabilidad.

A principios de siglo, en los primeros tiempos de la llamada «red 2.0» —los inmediatamente anteriores a la eclosión de los buscadores como Google y las redes sociales—, los intercambios digitales aún no se consideraban en términos mercantiles porque se basaban en la libertad de flujo de la información y las relaciones humanas que propiciaba Internet.

La llamada «economía colaborativa» bebía de la visión romantizada de los desarrolladores de *software* de código abierto. El problema es que la gran mayoría de los internautas no jugaban a ser *hackers* éticos y aprovechaban Internet para prácticas más simples y egoístas que, por ejemplo, infringían derechos de propiedad intelectual de música, libros y películas, videojuegos. No hace falta mencionar que esas primitivas plataformas de intercambio también servían para prácticas delictivas mucho más oscuras. El sistema P2P de intercambio de archivos era también una bomba en términos de ciberseguridad demasiado costosa para sus propios impulsores y usuarios, pues cabía la posibilidad de que te bajases un virus informático.

Este hecho acabó no solo por la persecución legal, sino porque surge una nueva generación de plataformas que proporcionan por primera vez un modelo viable, asequible, seguro y, sobre todo, sencillo para los usuarios que empiezan a utilizar otros dispositivos aparte de los ordenadores de escritorio y los portátiles. El desembarco de los *smart-phones* y las *tablets* llevan a una usabilidad basada en «aplicaciones» que nutre este nuevo modelo de plataformas, más rentable también para los productores de esos contenidos.

«Productor», por cierto, no es sinónimo de «creador»: preguntémosles, si no, a los músicos, que pasaron de pedir que piratearan sus canciones para acabar con el expolio de la industria discográfica a vivir con las migajas de los derechos de reproducción digital.

Porque cuando el modelo de las plataformas pasa de ser una amenaza a los negocios a convertirse en un negocio en sí mismo, no funciona como un simple eslabón más de la cadena, sino como el motor que mueve el engranaje.

¿Cuántas plataformas musicales conocéis?, ¿y cuántas de televisión?, ¿cuántos dedos necesitáis para enumerarlas? Efectivamente: el sueño digital tiende a crear monopolios, incluso en un sector tan competitivo como el del ocio audiovisual.

Esto, en realidad, no debería ser una sorpresa para nadie. La «colaboración», aquel nuevo paradigma económico que nos prometía Internet, ha seguido el mismo camino que la informática en general desde aquellos tiempos heroicos de los garajes donde los jóvenes pioneros inventaban programas informáticos y ordenadores, algo que quizás el modelo de Rifkin no vio venir cuando definía su papel en la «tercera revolución digital».

De esta manera, hemos pasado de la economía colaborativa a la economía de «los datos», el nuevo «patrón oro» que sirve como moneda de cambio y materia prima. Pensemos en los buscadores: no nos cuesta nada utilizarlos, pero lo que no está indexado en uno de ellos es sinónimo de abismo y oscuridad —la Deep Web—. Google, el más exitoso con diferencia, ha transmutado en una araña cuya red controla y dirige el tráfico de visitas y anunciantes. Más allá, de nuevo, solo os esperan monstruos.

Similar camino recorren las redes sociales, que nacieron para expresarse, desfogarse y ver fotos de lo mal que han envejecido nuestros antiguos compañeros de colegio, pero que ahora viven de la misma hechicería de algoritmos y conjuros de código que pueden levantar y hundir no solo empresas, sino también Gobiernos.

¿Cómo han conseguido estas empresas convertirse en unos gigantes casi omnipotentes regalando sus servicios?

Pues vendiendo la información que nosotros mismos les ofrecemos al usar esas herramientas que parecen gratuitas y aceptar las cookies. De hecho, la única razón por la que, en teoría, resultaría válido hablar de una «cuarta revolución industrial» sería porque hemos pasado de la máquina de vapor, los combustibles fósiles y el hidrógeno u otras energías como las renovables a «los datos» como fuente de alimentación. Académicamente es una idea más que discutible, pero en lo que se refiere al ámbito laboral está teniendo más impacto que la mismísima fusión nuclear limpia.

El arte de trabajar gratis

Uno de los últimos y más extensos estudios publicados por el Joint Research Centre de la Comisión Europea sobre «La plataformización del trabajo»,[1] dedicaba un apartado a la «producción no retribuida de contenidos para Internet». La razón esgrimida por los autores era que muchos creadores de esos contenidos se declaraban trabajadores de plataformas digitales.

No es difícil de entenderlo si tenemos en cuenta que tras la pandemia ha resurgido con fuerza la idea de los ingresos pasivos: es decir, la posibilidad de utilizar los contenidos en Internet que se difunden a través de blogs, *newsletters* o vídeos de YouTube para generar beneficios a través de vías tan variopintas como incluir publicidad y ofertas a productos de terceros, o a vender directamente servicios personales. También desde programas de micromecenazgo para publicar un libro o grabar una película a suscripciones en redes para adultos, o cursos, o hacer de mentor para expertos de negocio. Cualquier contenido que nos lleva unas pocas horas de trabajo puede estar moviendo dinero durante años. Al menos en teoría.

Esto hace que nuestra visión del trabajo se vea cada vez más condicionada por la promesa de un beneficio —plus-

1. Fernández-Macías, Enrique, Urzi Brancati, M.C., Wright, S. y Pesole, A. (2023). «The platformisation of work». *Oficina de Publicaciones de la Unión Europea*. https://doi.org/10.2760/801282, JRC133016.

valía— que juega a nuestro favor. Curiosamente, el informe desvela que los españoles estamos entre los más afines a esta idea. El estudio determina que el 45,1 % de los españoles y el 21 % de los alemanes en edad de trabajar, entre 16 y 65 años, crean y publican contenidos en redes y plataformas de todo tipo. Aunque no todos ellos dedican el mismo tiempo, pues los autores estiman una media de 40 minutos semanales por persona para los creadores germanos y 2 horas para los de nuestro país. En la práctica, un 6 % de los españoles pasan más de 10 horas semanales creando contenido para internet y un 2 % supera las 20 horas.

Extrapolado por el tamaño de la población en edad de trabajar, se traduce en 31 millones de horas semanales en Alemania y 48 millones en España. Y aquí viene lo bueno: esta cifra equivale a 1,45 millones de empleados españoles y 841.000 alemanes trabajando ocho horas al día cada semana para crear y «compartir» unos contenidos por los que no son retribuidos. Es decir: el 4,7 % de la fuerza laboral española y el 1,6 % de la alemana está trabajando a jornada completa.

La pregunta que surge, obviamente, es por qué esta actividad debería ser remunerada. El estudio señala varios motivos. En primer lugar, reconoce que las personas que comparten contenidos en redes sociales lo hacen por motivos que van desde «la diversión y la socialización» hasta la posibilidad de promocionar el propio trabajo o ganar experiencia, aunque también por la expectativa de generar futuros ingresos relacionados con la popularidad dentro de la plataforma —los mencionados ingresos pasivos—.

Sin embargo, el informe insiste en que el modelo de negocio de estas plataformas y redes sociales, que incluyen a todos los gigantes de Internet como Alphabet (Google), Meta (Facebook), Microsoft o X (cuando se publicó aún se llamaba Twitter) sí se basa en los contenidos de sus usuarios. Les sirven para atraer a otros usuarios y mantenerlos activos el mayor tiempo posible, «lo que genera ingresos a través de anuncios en la plataforma o mediante la comercialización de información sobre los usuarios».

Pero ya no hablamos solo de lo que las propias redes sociales hacen con nuestros datos: lo que publicamos en plataformas digitales también, cada vez más, se usa para entrenar todo tipo de inteligencias artificiales en tareas como el reconocimiento de voz o de imágenes, recomendaciones de productos, traducción de idiomas, etcétera. «En otras palabras, la principal fuente de valor de estas plataformas son los contenidos generados por los usuarios», incide el estudio. Sin embargo, pese al peso económico que tiene la creación de contenidos, no se retribuye de forma directa. En la práctica, su consideración es la misma que la de los usuarios pasivos que solo leen esos contenidos. Y esto tiene algo más de relevancia en España, donde el porcentaje de creadores es mucho más elevado que en el resto de Europa y duplica el porcentaje de Alemania en tiempo dedicado.

Ahora bien, ¿cuál es el perfil profesional de los creadores de contenidos? Tanto en Alemania como en España el grupo más numeroso corresponde a los estudiantes, seguidos por los trabajadores autónomos y los desempleados. Sin embargo, aquí hay matices. El único colectivo de alemanes que pasa más de 10 horas produciendo y compartiendo contenidos *online* es el de los desempleados, mientras que en España los estudiantes son los que pasan más horas. El 6 % de los estudiantes españoles pasa más de 20 horas a la semana, y el 14 % más de 10 horas a la semana produciendo y compartiendo contenidos en plataformas *online*.

En cualquier caso, los autores del estudio admiten que la naturaleza de esta actividad es incierta, pero ello obliga a «los responsables políticos a prestar más atención a este fenómeno». La producción y publicación de contenidos para plataformas *online* implica una cantidad creciente de trabajo que produce valor económico, pero no es remunerado, «en un proceso del que se apropian y coordinan las grandes empresas transnacionales». «Como mínimo, esto requiere cierto escrutinio y debate», remarca el informe.[2]

Algo con lo que yo, a título personal, estoy plenamente de acuerdo, aunque entiendo que nadie lo considere prioritario frente al desafío que representan los trabajadores de otros tipos de plataformas. Sin embargo, se puede decir claramente que de aquellos polvos vienen estos lodos.

---

2. Una versión preliminar de esta sección aparece en mi artículo: «Los contenidos para Internet "roban" 1,45 millones de empleos a jornada completa en España», publicado en *elEconomista.es* en mayo de 2023: https://www.eleconomista.es/economia/noticias/12265943/05/23/los-contenidos-para-internet-roban-145-millones-de-empleos-a-jornada-completa-en-espana.html

La economía del bolo

Si los creadores de contenidos se consideran «trabajadores» de plataformas digitales, ¿quién no lo es? La pregunta tiene miga, aunque es aún más interesante lo que podemos aprender de su ejemplo.

Porque las personas que siguen una estrategia más seria y con el objetivo declarado de obtener beneficio económico subiendo vídeos a Internet no son precisamente una mayoría respecto a los que solo lo hacen por pasar el rato y obtener su chute de dopamina. Y en cualquier caso esos ingresos no los obtienen directamente de la red, sino de la publicidad y acuerdos comerciales que alcanzan gracias a ella —como los insertos publicitarios en el metraje— o directamente por su propia cuenta. La plataforma, de nuevo, sería a lo sumo un intermediario entre los creadores, los anunciantes y el usuario que consume dichos contenidos.

Lo que ocurre es que no es en absoluto neutral. Tiene la sartén por el mango para controlar a través de sus servicios qué contenidos de carácter comercial aparecen en ella, y maniobra para que se prioricen aquellos en los que obtiene un porcentaje mayor de beneficio por su mediación. De ahí viene la constante ida y venida de creadores entre diversas redes, persiguiendo la mejor monetización.

Sin embargo, esta autonomía supone que, aunque trabajen para plataformas, no son salariados de ninguna de ellas. A nadie se le ocurriría aplicar las reglas laborables en estos casos porque ellos mismos se ven como emprendedores que viven el sueño de ser su propio jefe. Es su cliente el que les ha salido rácano.

A pesar de que, al contrario que ocurre en el mundo real de las relaciones profesionales y comerciales, sus opciones para imponer sus condiciones son pocas y, de hecho, la única amenaza real a este modelo de negocio ha venido por una regulación cada vez más estricta a nivel global sobre la privacidad y gestión de los datos y no sobre una rebelión de los creadores.

¿Pero qué ocurriría si aplicáramos ese mismo principio a los prestadores de servicios en el mundo real? Aquí la cosa cambia. Y el equilibrio en las relaciones profesionales del que hablaba hace un par de párrafos salta por los aires.

El modelo actual de las plataformas digitales que ponen en contacto a proveedores de fuerza de trabajo y empresas es sorprendentemente similar al de las redes sociales o el de la industria audiovisual a poco que se profundice. La diferencia es que la empleabilidad en este caso es mucho más problemática y ya no es solo un ejercicio hipotético sobre el que reflexionar.

La raíz del problema es bastante evidente: el concepto de «economía colaborativa» que evoca los tiempos heroicos de Internet, los del libre intercambio de favores entre particulares, se ha convertido en un subterfugio que utilizan empresas que mueven muchos millones de euros para reducir al mínimo el coste de retribuir su mano de obra.

Lo hace difuminando la frontera entre trabajadores por cuenta propia o ajena. Cuando una plataforma digital utiliza una *app* que, supuestamente, solo sirve para mediar entre proveedores y demandantes de servicios, para medir tiempos, ejecución y rendimientos a través de un algoritmo que premia o penaliza con la obtención de nuevos «trabajillos», se convierte en algo muy parecido a un empleador. Cuando encima obliga a trabajar con un ostentoso equipamiento con el logo bien visible y obliga a la exclusividad, la duda sobra.

Por cierto, he dicho «trabajillos» porque una de las defensas de este modelo, cuando empezó a quedar claro que lo de colaborativo le venía grande, fue cambiarle el nombre a *gig economy*, traducible literalmente al castellano como «economía del bolo», aunque se prefiera decir «economía de los empleos bajo demanda». Como si pedalear kilómetros bajo la lluvia por el centro de Madrid o pasarse la noche en un banco esperando un pedido fuera lo mismo que hace un músico o un humorista aficionados que logran actuaciones de vez en cuando en los ratos libres que le deja su trabajo habitual.

Este caso del que hablo, los célebres *riders*, es un ejemplo extremo de un modelo de negocio que se ve obligado a la reconversión por pasarse de la raya. También en cómo muchas plataformas digitales basan su supuesta revolución en ponerle una aplicación a algo que ya existía. Los repartidores de comida no los inventaron los gigantes tecnológicos de Silicon Valley, solo les negó su condición de asalariados. Abarató su mantenimiento laboral como empleados.

Eso en España es un fraude tipificado desde hace muchos lustros bajo el concepto de «falsos autónomos»: asalariados que se disfrazan de trabajadores por cuenta propia. Hubo intentos de blanquearlo y se llegó a proponer equipararles a la figura del Trabajador Autónomo Económicamente Dependiente (TRADE), cuyo proveedor es un único cliente. Pero las sentencias, una tras otra, fueron claras: esos trabajadores no son «TRADES digitales».

Es importante dejar claro que esto no deriva de un cambio legal o una decisión política. España creó a finales de 2020 una legislación específica sobre los *riders*[3] apoyada por la patronal y los sindicatos, aunque tras una larga lista de sentencias que acabaron definiendo la doctrina del Tribunal Supremo.

Y nuestro país tampoco es un caso aislado ni pionero: ha ocurrido en Estados Unidos, considerada la cuna de este modelo. Cada vez más países siguen esta vía, y aunque leamos muchas declaraciones de empresarios dolidos que abandonan un mercado porque los Gobiernos ponen puertas al campo, la realidad es que el final de este cuento es claro.

Esto sería un colorín colorado si no fuera porque, como he dicho al principio, el de los *riders* es un caso extremo. Si tras un par de cambios legales no han desaparecido de

3. Ley 12/2021, de 28 de septiembre, por la que se modifica el texto refundido de la Ley del Estatuto de los Trabajadores, aprobado por el Real Decreto Legislativo 2/2015, de 23 de octubre, para garantizar los derechos laborales de las personas dedicadas al reparto en el ámbito de plataformas digitales.

nuestras calles es porque tampoco lo han hecho la mayoría de empresas que recurren a ellos. Simplemente el modelo se ha transformado para adaptarse, con el consiguiente impacto en su cuenta de resultados. Han sucumbido —o se han mudado a países con una legislación más laxa— aquellas empresas cuyo modelo de negocio dependía exclusivamente de la falta de laboralidad. Sin embargo, la gente quiere que le lleven la comida y las compras a casa, y la logística de «última milla» seguirá siendo un negocio rentable siempre que se planifique bien. O al menos si lo hacen de una manera en la que los problemas que crean no anulen por completo las ventajas que aportan.

Esta es la razón por la que la regulación general del trabajo en plataformas es tan complicada. Miles de empresas dependen de ellas para competir en el mundo digital y llegar a sus clientes, pero también para encontrar trabajadores y proveedores de servicios para proyectos puntuales.

No todos esos profesionales son una suerte de drones humanos que pedalean. Sería un error pensar que los *riders* son el patrón que agota todas las realidades laborales posibles de las plataformas. Aunque al menos sí podamos decir que han agrietado el mito de la *gig economy* como una supuesta revolución universal. Sus límites están cada vez más claros, aunque el *hype* aún no se dé por aludido.

Por ello precisamente es tan importante determinar bien la cuestión de la laboralidad; es decir, fijar normas claras para saber quién debe considerarse asalariado y en qué circunstancias. Aquí se produce un doble «sesgo de ombligo» entre los propios trabajadores: un consultor tecnológico independiente que contacta a sus clientes a través de una plataforma, por ejemplo, verá este modelo como más cómodo que el del *freelance* clásico, porque le permite conseguir más «trabajillos».

Seguramente lo que estoy diciendo en esta sección a muchos les parezca poco más que un panfleto «ludita» y en contra del progreso tecnológico. O quizás en cinco o diez años vuelvan a hojear estas páginas y vean que esa dependencia les sometía a un monopolio digital que les impedía percibir el pleno valor de su trabajo.

En cualquier caso, me atrevo a vaticinar que para entonces muchas de esas plataformas ya no existirán, no por la presión legal o política, sino porque serán innecesarias.

El glamour oxidado

La economía digital no se agota en las plataformas, pero a estas alturas, para muchos, son sinónimos. Como ocurre con los buscadores en la web, no solo son el intermediario, sino la interfaz a través de la que miles de empresas y trabajadores se adentran en estos nuevos modelos de negocio. O eso parece, hasta que te haces una pregunta poco habitual: ¿qué capacidad tienen de crear empleo por sí mismas las plataformas digitales?

Porque habrá muchos tipos de plataformas digitales, pero al final son empresas y se pueden dividir en dos: las que tienen capacidad de asumir el coste impuesto por los cambios en su modelo de negocio por las novedades legislativas o por la presión social y laboral, y las que no.

Cuando se habla de plataformas en términos laborales se habla de algoritmos, *apps* y cualquier herramienta digital que utilicen para organizar la actividad de unos trabajadores. Y esto lleva a que nos encontramos con miles de empresas consideradas tecnológicas solo por utilizar estos medios.

Empresas que rentabilizaron esa etiqueta para lograr atraer inversiones del capital riesgo cuyo objetivo no es crear empresas, sino hacer crecer el valor de su inversión hasta llegar el momento de deshacerse de ella, vendiéndola por un precio mucho más alto, y a ser posible a otras empresas mucho más grandes. Pelotazo 4.0.

Incluso las orientadas verdaderamente a la innovación aspiran a ser absorbidas por los gigantes a los que dicen querer derribar. Todo el campo semántico que envuelve a este tipo de empresas de rápido crecimiento, desde la palabra *startup* al sintagma «viveros de empresas», es tremendamente revelador y eufemístico.

Muchos de los problemas que estas empresas emergentes y revolucionarias han afrontado vienen de que su negocio no tenía como objetivo el de construir un negocio viable a largo plazo, sino vender sus soluciones tecnológicas a otros, algo que los fondos de capital riesgo que las sustentan tienen mucho más claro que sus propios impulsores.

¿Y qué ocurre cuando se las compran, cuando las empresas convencionales han integrado ese tipo de productos? Que la innovación deja de ser una vía directa al pelotazo.

Durante 2022, el endurecimiento del crédito por la subida de tipos emprendida por los bancos centrales para tratar de contener la crisis inflacionaria se sumó a ciertos movimientos empresariales que dispararon los despidos en este tipo de empresas tecnológicas.

Aunque la sangre finalmente no llegó al río —el *hype* de la digitalización se reactivó gracias al desembarco de la inteligencia artificial—, el pánico en los primeros meses fue tal que incluso se pusieron en marcha contadores de despido, que revelaron que los ceses no se centraban únicamente en ingenieros y programadores, sino en personal de marketing y recursos humanos. Lo curioso es que esto no tuvo ningún eco en las estadísticas de paro. La mayoría de esos empleados expulsados del sueño de Silicon Valley encontraron trabajo en empresas que no se declaraban como tecnológicas, pero que necesitaban ese mismo talento.

El estudio del Joint Research Centre que he citado en el apartado anterior arroja un dato revelador: el alcance en términos de empleo efectivo de las plataformas, es decir, de trabajadores que lo hacen bajo su régimen, solo llega a entre el 1 y el 2 % de la fuerza laboral europea. Eso sí, como los propios autores reconocen, esto puede ser solo la punta del iceberg.

Si cualquier compañía de cualquier sector puede utilizar las herramientas creadas por las plataformas digitales para organizar su plantilla sin depender de esos colaboradores externos, ya no estamos hablando de la cantidad y la calidad del empleo que depende estrictamente de ellas, sino de una «plataformización» del conjunto de puestos de trabajo. Este proceso será una gran purga de empresas nativas de la supuesta «cuarta revolución industrial», aunque el resultado lo podemos anticipar hoy mismo: las plataformas que mantendrán su negocio serán aquellas verdaderamente tecnológicas y que operen como proveedores de nuevos recursos digitales que las empresas tradicionales no puedan asumir —ya sea el almacenamiento en la nube o el coste de la innovación en ámbitos como el de la inteligencia artificial—. Serán las que tengan capacidad de competir en igualdad de condiciones con todas las demás, incluido lo que se refiere a costes laborales.

Este es el proceso al que deberemos prestar atención en los próximos años: la digitalización del trabajo no será algo limitado a unas empresas o a unos sectores supuestamente punteros, afectará a todos los emprendedores, empleadores y empleados.

2.
La generación perpleja

.

El bulo de la generación Z

¿Qué fue de los «nativos digitales»? Durante un tiempo fueron el perfil de moda, jóvenes que habían crecido expuestos a los móviles, *apps* y redes sociales y tenían un conocimiento natural de los entornos digitales, por lo cual eran los trabajadores óptimos para las empresas que querían adaptarse en ese incierto territorio. La idea que se trataba de vender era que esos perfiles contaban con una supuesta adaptación innata ante los desafíos futuros para los que otros empleados requerirían una importante inversión en recualificación.

Dicho de otra forma: los nativos digitales se consideraban un atajo para digitalizar —valga la redundancia— nuestra fuerza laboral, aunque resultó que el asunto no salió como se esperaba. No se trataba de una generación de trasuntos de Bill Gates en miniatura programando desde la guardería, sino que la mayoría solo eran usuarios generales de unas herramientas informáticas para cuya utilización en un entorno profesional necesitaban la misma preparación que cualquier otro trabajador, lo cual implica un coste para la empresa idéntico o tal vez mayor a la larga, por su inexperiencia laboral inicial. Por tanto, y según han ido pasando los años, el mero hecho de saber manejar un ordenador ha dejado de ser una ventaja competitiva.

Basta con analizar lo que ocurre con los profesionales que sí trabajan específicamente en el desarrollo tecnológico. En España, en 2023, el 63,3 % de ellos superaban los 35 años, según datos de la Oficina Europea de Estadística (Eurostat). Algo que casa mal con la idea de un sector a la vanguardia de la demanda de nuevo talento. Todo lo contrario, los análisis demográficos apuntan a que es un sector bastante conservador. La prueba palmaria es que las mujeres siguen siendo minoría en su profesión. Es decir, el supuesto ámbito profesional clave de la innovación laboral ignora la mayor revolución de la fuerza laboral en las últimas décadas, la incorporación del talento femenino.

Cada vez que leo un artículo o me llega una nota de prensa sobre la «generación Z» pienso en todas estas contradicciones entre la realidad laboral de los jóvenes y las modas. Pero claro, cuando extraes un concepto del marketing y lo presentas como una categoría para el análisis de la demografía laboral, no lo haces para comprender mejor una realidad, sino para vender algo.

La cuestión es «el qué», porque el uso que se ha dado a esta nueva etiqueta me lleva a plantearme si la industria de los recursos humanos está defendiendo realmente las ventajas de contratar a trabajadores jóvenes o más bien está ofreciendo herramientas para solucionar los retos que suponen estos nuevos trabajadores.

A mediados de 2022, el *hashtag* #quietquitting empezó a aparecer en vídeos de TikTok, y el genio mercadotécnico de las relaciones laborales encontró una nueva forma de atraer a las empresas a frotar su lámpara. Aquí cabe preguntarse: en un país como España marcado por la mayor tasa de paro juvenil de las economías desarrolladas, ¿tiene sentido hablar de su desapego al trabajo o sus valores a partir de una tendencia en una red social? Pues parece que sí.

Los periodistas, cómo no, hemos aportado nuestro granito de arena respaldando titulares ruidosos. Lo viral no es real, solo más cómodo para cortar y pegar. Y lo que llega a los empleadores es una ruidosa espiral de esos refritos.

Lo cierto es que muchos economistas y analistas llevan años tratando de encajar el hecho de que numerosas empresas empiezan a encontrar más difícil casar oferta y demanda de empleo. Una suerte de «gran dimisión» de trabajadores que ha dado lugar a un escenario incierto que analizaremos en profundidad en el próximo capítulo. Por ahora, baste decir que las retóricas generacionales no tienen mucho sentido aquí. Lo cual no impide que se siga abusando de ellas.

El propio concepto de «generación» es problemático por dos motivos: el primero, que no hay un salto generacional que se pueda fijar en un año. Las generaciones biológicas —de progenitores a vástagos— se superponen entre los miles de individuos que nacen cada año. Las fechas de corte se agrupan en función de las diferencias sustanciales en el entorno político, económico, educativo, cultural y tecnológico en el que se educan, pero estas transformaciones no son inmediatas —aunque lo parezca cuando se analizan retroactivamente en períodos de quince a veinte años— y afectan a cada vez más personas de manera diferente, y el límite no deja de ser una convención. Esto nos lleva al segundo problema: los cambios operan de manera diferente en cada país. La generación Z rumana no es la estadounidense, ni la española, ni la sudafricana, aunque las redes sociales provoquen una ilusión de homogeneidad. Paradójicamente, dejarse guiar por esta ilusión a la hora de tomar decisiones de planificación de contratación en un entorno globalizado suele llevar al desastre.

¿Son los jóvenes de 2024 diferentes a los de 2004 o 1994 en su relación con el mercado laboral? Esto solo depende de las expectativas y oportunidades que este mercado les ofrezca, y estas cambian en función de su nivel educativo, entorno socioeconómico y, para no caer en el determinismo, sus propias experiencias personales.

Al analizar todo esto desde una perspectiva laboral, existe un cuarto factor que no se suele tener en cuenta: este mismo proceso de transformación afecta a las organizaciones, las empresas, los empleadores y también a las normas que regulan la relación entre ellos. No tiene sentido pensar en modas.

Los jóvenes de veinticinco años o menos que se incorporan hoy al mercado laboral llegan con códigos culturales y sociales diferentes a los de sus mayores, pero no son alhenígenas; sencillamente, no han recibido su primera «rebanada de realidad». Lo que es un cambio es que cuando lo hacen son más dados a exponerlo en redes sociales y eso suele repercutir en un problema de marca para algunas empresas. ¿Pero es esta forma de exigir sus derechos demasiado diferente a ir al comité de empresa?

Mucha de la literatura sobre la generación Z que alerta de este espíritu contestón de los nuevos trabajadores son meras traducciones de estudios practicados en países como Estados Unidos, donde que se produce una creciente sindicalización en lugares y sectores en los que no estaba bien vista, como las plataformas digitales. En España, como en la mayoría de los países europeos, esto nos parece normal.

Curiosamente, mientras aquí hemos perdido confianza en la negociación colectiva, porque es demasiado rígida, en otras latitudes recelan de su excesiva flexibilidad. Y seguramente este ciclo divergente provocará más sorpresas y quebraderos de cabeza en muchas empresas que «una dimisión silenciosa» en las plantillas. Claro, estamos olvidando que el marketing de recursos humanos no tiene nada que ver con las relaciones laborales ni con los verdaderos desafíos que afrontan.

La máquina blanda

No pretendo hacer aquí una inmersión en profundidad de la situación laboral, a veces muy precaria, de los jóvenes y no tan jóvenes. Creo que todos mis lectores tendrán de manera directa o indirecta una idea clara del asunto. Tampoco pretendo explicar las muchas medidas legales y políticas que se han tomado en los últimos lustros para intentar mejorarla, ni siquiera discutir su eficacia. Pero sí quiero exponer algo que no se suele tener en cuenta: cómo afectan estas medidas al día a día de los empleadores.

Las funciones de los departamentos que se encargan de organizar la mano de obra en cada empresa pueden parecer volátiles y, en muchas ocasiones, confusas. Aún existen organizaciones que consideran que los recursos humanos se limitan a trámites rutinarios, como el pago de nóminas, gestión de vacaciones, bajas, etc. Sin embargo, lo cierto es que las tareas de estos profesionales entran cada vez más de lleno en el fabuloso mundo de las relaciones laborales.

Básicamente, se ocupan de establecer un canal de negociación directamente con los trabajadores o en el marco del comité de empresa, bajo las directrices de unos convenios colectivos cuyo diseño y aplicación —ya sean de empresa o sectoriales— suelen ser extremadamente complejos. Aunque aquí también influye el tamaño de la plantilla y qué sindicatos participan en esa negociación. De esta manera, las centrales cuentan con equipos legales que asesoran en estos procesos.

Por supuesto, cuanto mayor es la compañía, más potente es el equipo de relaciones laborales *in house*, es decir, interno, aunque en algunos supuestos, como los que se refieren a despidos y contrataciones de determinados perfiles, suele externalizarse en despachos de abogados y consultores externos.

Ninguna de estas tareas deja de considerarse rutinaria ni siquiera ahora, cuando aparece un sinfín de regulaciones específicas sobre aspectos del trabajo que se supone que todo el mundo cumple por imperativo legal, pero nunca se habían controlado tanto como hasta ahora. Desde la jornada y los planes de igualdad hasta la desconexión digital en teletrabajo, las obligaciones para los empleadores parecen cada vez mayores.

Esta avalancha burocrática no solo viene trazada por un Gobierno nacional, viene impuesta por directivas y normas de la Unión Europea. Los Estados tienen cierto margen y autonomía para aplicarlas, pero deben respetar la senda pactada en Bruselas. Aquí debo matizar que en otras latitudes la cosa no es tan diferente. La legislación laboral estadounidense, considerada la más laxa y eficiente del mundo, es en realidad un batiburrillo de normas federales, estatales e incluso locales que haría palidecer a cualquier laboralista.

Esto parece ir en dirección contraria a lo que receta la doctrina clásica de un liberalismo de mercado, es decir, una regulación más flexible para no desincentivar el empleo. Asumámoslo: tras una década de crisis financiera y una pandemia, y ante las incertidumbres geopolíticas, pero también tecnológicas en el horizonte, no es demasiado sorprendente que las grandes economías, al menos las occidentales, hayan virado hacia un esquema más estricto a la hora de fijar las reglas del juego.

Lo más sorprendente es que el engranaje funciona. ¿Cómo? Gracias a que existe toda una rama de los recursos humanos especializada en el *compliance* —el cumplimiento de esas normas para evitar que asfixien la gestión diaria del negocio y su competitividad—. A lograr que fluya.

En lo que se refiere a las relaciones laborales, paradójicamente, toda esta abrumadora burocracia tiene como objeto una negociación cada vez más transparente e igualitaria, bajo un principio de no discriminación en el acceso a un puesto o en la promoción profesional. Esto suena a tópico del peor buenismo, pero en la práctica se traduce en que los trabajadores y sus representantes tienen más información que nunca sobre lo que sus empresas se traen entre manos, y estas deben hacer un esfuerzo mucho mayor de autocrítica en sus políticas internas de empleo.

La pregunta que muchos os haréis ahora es: ¿qué tiene esto que ver con el asunto de la generación Z? Todo. Sucede que hay una diferencia enorme entre la organización real de las plantillas y la retórica sobre la gestión del talento de la que tanto oímos hablar a sus responsables, o lo que cuentan las ofertas de trabajo. ¿Preocupa la desafección de los jóvenes y la falta de vinculación con un proyecto, o preocupa que nadie busque un trabajo a largo plazo y cambie de firma voluntariamente cada pocos meses?

Creo que la pregunta correcta es si alguien puede culparles por hacerlo.

Aquí los empleadores encuentran un desafío real y tangible que, sin embargo, puede convertirse en oportunidad si la empresa es capaz de entender el *compliance* no como una imposición, sino como una política vertebradora de su estrategia de negocio. Basta con cambiar el chip y considerar la mano de obra no en términos de coste laboral, sino como una inversión en capital humano.

Aunque quizá me he precipitado al pintarlo como algo sencillo. A veces la carcasa del ordenador está tan oxidada que es imposible acceder a la placa base ni a martillazo limpio. España parece haber perdido de vista hace mucho tiempo cómo reparar esa «máquina blanda» que sepa valorar el talento, y considera que su evolución a lo largo de los años es una desventaja. No hay más que ver lo que ocurre con los trabajadores de mayor edad.

La generación perpleja

Cada vez me gusta menos esgrimir el término «edadismo» en análisis laborales, pues siento que nos acerca peligrosamente al terreno del *hype*, que en este caso puede ser sinónimo de blanqueamiento (¿cuántas empresas se suben a este carro sin aplicar sus preceptos en sus propias políticas de contratación?) o de victimismo (¿cuántas personas se enrocan en una «cultura de la queja» que llega a paralizarlas?).

Las discriminaciones por edad y género son las que más revelan lo que no dudaría en denominar una cultura enferma en el mercado laboral. A diferencia de otro tipo de sesgos que, por desgracia, también existen —por etnia, lugar de origen o incluso creencias religiosas—, aquí se siguen esgrimiendo explícitamente razones de productividad. «Es lógico que la carrera y el salario de una mujer se resienta por elegir cuidar a sus hijos». «Es lógico que una persona que se adentra en el último tercio de su vida útil profesional se esfuerce menos, se adapte peor a las novedades o tenga más bajas por enfermedad». Eso se sigue oyendo en las empresas.

Aunque la incorporación femenina al mundo laboral ha contribuido a que frases como las primeras se empiecen a oír menos, ayuda una legislación cada vez más estricta y clara para evitar ese muro profesional y una conciencia social. Falta mucho por hacer en ese aspecto, aunque también existe un *hype* retórico, lo cierto es que no contradice la evolución real del mercado de trabajo y el emprendimiento.

Sin embargo, en lo que se refiere a la edad, los avances son nulos y reflejan un modelo productivo que parece diseñado para expulsar a los séniors, los empleados de mayor edad. La proporción de parados de más de cincuenta años es la más elevada de la historia. Por cierto, aunque utilice el plural neutro, estas cifras están protagonizadas especialmente por mujeres; las discriminaciones no son compartimentos estancos.

Las causas son bastante claras: el propio envejecimiento demográfico, un encadenamiento de varias crisis y un modelo de negocio que basa la competitividad —y los márgenes— en reducir costes y que ha llevado a las empresas a señalar las puertas de salida a los veteranos que más cobran y cerrarles las puertas de entrada a los candidatos con experiencia que buscan una segunda oportunidad.

¿Pero los jóvenes no sufren edadismo? Por supuesto que sí. Si hablamos de precariedad, bajos salarios y malas expectativas profesionales —tirando a nulas—, los datos hablan por sí solos. Aquí aportaré solo un dato: la edad de emancipación media en España supera los treinta años, cuando en la UE esa media se mantiene por debajo de los veintisiete, y en países como Alemania o Francia se sitúa por debajo de los veinticuatro años. Se puede hablar de factores sociales, educativos, culturales o incluso económicos, como el precio de la vivienda, pero el hecho es que el factor diferencial con las economías es la tasa de paro y las expectativas de los que encuentran trabajo, empezando por sus bajos salarios. Nadie puede emprender un proyecto de vida si no obtiene suficientes ingresos, y por tal motivo esto es un lastre para un país.

Lo que ocurre es que no se puede resolver este problema priorizando a un colectivo sobre otros, ni presentando un conflicto generacional entre los que llegan y los que deberían irse para abrirles paso. Aun así, ese punto de vista prospera con una sorprendente insistencia.

El error de fondo es que el diseño de la política laboral entiende el empleo como un juego de «suma cero» en el que los puestos de trabajo y las oportunidades profesionales no se crean ni se destruyen, sino que se reparten. La idea de que los empleados veteranos son un lastre para los jóvenes es la mayor falacia demográfica de los últimos treinta años, y se ha esgrimido para justificar «una cultura de la prejubilación» letal para nuestro modelo productivo, desde la sostenibilidad de las pensiones a las magnitudes macroeconómicas más complejas como el consumo interno.

Según las cifras del Instituto Nacional de Estadística, a cierre de 2023 el 21,7 % de la población activa en España, es decir, la suma de personas que trabaja (ocupados) o busca un empleo (parados), tenía más de 55 años, en niveles de máximo histórico, mientras los jóvenes solo significaban el 7,1 %.

Los porcentajes suben y bajan, respectivamente, al 23 % y el 6,9 %, si no contamos inmigrantes y extranjeros nacionalizados. Hago aquí esta distinción porque los foráneos se presentan históricamente como una solución mágica al reto del envejecimiento de la mano de obra. Y lo cierto es que su aportación ha sido fundamental en la economía y en la sociedad de nuestro país en las últimas décadas, pero en lo que se refiere a la cuestión demográfica se han visto atrapados en la misma rueda —precariedad y falta de expectativas— que los nacionales.

Estos datos, que aparecen en la Encuesta de Población Activa (EPA), muestran dos particularidades: la idea de que para que los jóvenes entren en el mercado laboral otros deben salir es absurda, porque no hay tantos jóvenes esperando entrar como para reemplazar a los que se van. La segunda: que ya no hay soluciones fáciles ni atajos; en este caso, la inmigración es una variable imprescindible del mercado laboral —cerrar la puerta a la inyección de talento, venga de donde venga, es un retraso—, pero no la respuesta al problema del envejecimiento. No al menos una que un país como España haya sabido aprovechar.

Este cuello de botella demográfico afecta a todas las economías desarrolladas, pero aquellas con un mercado laboral más ineficiente, que peor aprovechan el talento, son las más vulnerables.

¿Qué pueden hacer las empresas para afrontar este panorama? Sé que no es una pregunta habitual, la mayoría de los análisis se quedan en la exposición del problema y señalan a los empleadores como los malos de la película. Escuchando algunas declaraciones es imposible no verlo así, pero la mayoría de los empresarios y responsables de recursos humanos con los que he hablado tienen bastante claro que este escenario es insostenible para su negocio a largo plazo.

La clave pasa por mejorar las expectativas, no solo salariales, sino también de condiciones laborales, y hacerlo a lo largo de toda su carrera profesional. Las empresas que inviertan en este aspecto atraerán trabajadores más cualificados y productivos y contarán con ellos durante más años, lo que se traducirá en su capacidad de crecer y ganar más.

Ahora bien, la cuestión sigue siendo el cómo. Una pequeña empresa, como las que componen la mayoría del tejido productivo español, no lo tiene precisamente fácil para pagar buenas nóminas a sus empleados. El *compliance* al que me refería en el apartado anterior es una buena hoja de ruta, siempre que se entienda como una ventaja competitiva si aprenden a ir más allá de lo exigido y lo utilizan para encajar la convivencia de varias generaciones en una misma plantilla. Cualquier otra alternativa es un desastre.

La vuelta a la tortilla

¿Qué esperan los jóvenes nacidos después de 1998 de su carrera profesional? Seguramente lo mismo que muchos de los nacidos en 1978: un encadenamiento de empleos precarios hasta enganchar uno más estable en el que permanecerán hasta que el primer revés haga inútil su puesto y les toque volver a empezar en otra empresa, pero cada vez con mayores dificultades conforme el ciclo se va repitiendo. Un escenario muy diferente al de sus mayores, que confiaban en conseguir un empleo para toda la vida del que se retirarían enseñando a sus sucesores.

Este mecanismo de relevo se articula de diferentes maneras en función de las particularidades de cada sector —desde los contratos de aprendizaje o relevo en la industria hasta la dicotomía entre júniors y séniors en el sector financiero o legal—. Sin embargo, fijémonos en lo ocurrido en España, donde fue el estándar del mercado laboral y la clave del denominado «ascensor social» desde la segunda mitad del siglo XX hasta los años noventa. A partir de ahí algo se rompe y el engranaje deja de funcionar. ¿Qué ocurrió?

Por un lado, los jóvenes adquieren, gracias al esfuerzo de sus padres, una formación cada vez mayor que las empresas no saben integrar en esta «cultura del relevo». Esto lleva a problemas de sobrecualificación que consiste, básicamente, en la certidumbre de que hacemos tareas por debajo de nuestro verdadero potencial por las que nos pagan un sueldo que no justifica el esfuerzo y coste personal, y para sus familias, de llegar lo mejor preparados posible al mercado laboral.

En paralelo se produce el auge de una «cultura de la prejubilación». A partir de finales de los años ochenta del pasado siglo se produjo un proceso de desindustrialización y privatización de grandes consorcios públicos que exigió un ingente ajuste en términos de plantilla. ¿Cómo hacerlo de manera pacífica y sin disparar el desempleo en un país que ya arrastraba una compleja situación laboral y económica? Con prejubilaciones, que es un modelo de indemnización que da salida a los trabajadores de más edad —y mayores salarios— mediante diversas fórmulas de compensación que le permiten no trabajar ni buscar empleo, es decir, salir del mercado laboral, hasta la edad a la que pueden optar a la jubilación propiamente dicha. Estamos hablando de una situación que puede prolongarse hasta diez años.

Para facilitarlo, con el respaldo de patronales y sindicatos, se creó un complejo engranaje que implicaba un elevado coste en materia de prestaciones, subsidios y, por último, pensiones. Y se justificó con el absurdo argumento de dar empleo a los jóvenes. Las gallinas que salen por las que entran.

Y digo absurdo por dos motivos. El primero, que esas prácticas rompen por completo los mecanismos de relevo y ascenso en las plantillas; un ajuste desequilibrado de talento sénior corta el flujo de experiencia. El segundo, que reducir el número de trabajadores con mayores sueldos impide que los que vienen detrás alcancen esos niveles. Y esta falta de progreso laboral es una de las claves de la devaluación salarial que ahora hunde las esperanzas de los trabajadores de todas las franjas de edad.

Además, existe un tercer factor que no hace esta filosofía estúpida, sino directamente aterradora. Veréis, las prejubilaciones, están de capa caída. El año 2023 marcó también el mínimo de la serie histórica en personas inmersas en este proceso. Obviamente, huelga decir que ajustes de este tipo no están al alcance de todas las empresas, además, con los años han dejado de ser rentables para estas, ya que los trabajadores séniors de hoy tiene salarios relativamente más bajos que sus antecesores. Por último, los cambios para retrasar la edad de jubilación han tenido un impacto relevante en esos esquemas.

Sin embargo, «la cultura» —en el sentido de usos, costumbres y mitos— que las avalaban sigue más vigente que nunca. He empezado este capítulo explicando el relativo bluf de los nativos digitales, pero la idea de que los trabajadores mayores no pueden adaptarse a la innovación digital es asumida incluso por los propios sindicatos, y ya no justifica prejubilaciones de oro, sino despidos mondos y lirondos.

¿Sorprende que la desconfianza hacia los empleadores esté en máximos desde el minuto uno de la llegada a una empresa? ¿Puede permitirse una empresa el lujo de considerar a un júnior o a un sénior un empleado de segunda cuando la mano de obra en esa franja de edad es cada vez más reducida? La cuestión es que la única forma de darle la vuelta ahora a la tortilla es que las propias empresas rompan el círculo. Porque los políticos, los denominados agentes sociales, incluso los analistas, parecen estar a otra cosa, jugando entre eslóganes y magnitudes macroeconómicas y otras películas que no tienen mucho que ver con la realidad de las relaciones laborales en el día a día.

Las empresas que aspiran a competir en el futuro tienen que ser muy conscientes de que el valor del talento siempre supera con creces al del salario si se cultiva de la manera adecuada, y eso implica cerrar la puerta a cualquier forma de prejuicio que conduzca a una discriminación. No tiene sentido. La falta de experiencia de los jóvenes es una oportunidad para obtener trabajadores con una cualificación específica y versátil para la propia empresa. La veteranía de los séniors es la manera de enseñar a esos jóvenes y acompañarlos en ese progreso.

Todo ello, en un ambiente capaz de adaptarse a las diferencias y las diversas necesidades de cada trabajador —empezando por la conciliación— para obtener el mayor provecho de su esfuerzo. Y digo provecho porque toda inversión busca un rendimiento. Una empresa no hace un favor a nadie por darle un puesto de trabajo, no puede pedir gratitud, sino responsabilidad al cumplir un acuerdo.

No hace falta venderlo de otra forma: si la relación laboral es honesta y transparente y ventajosa para ambas partes.

Los empleadores, los departamentos de recursos humanos, se preparan ya para este escenario. No solo porque los cambios legales o la demografía lo impongan, sino porque es una ventaja competitiva. La alternativa es llegar a un punto en el que nadie quiera trabajar para ellos.

3.
La dimisión impensable

Breve historia de una fuga

A finales de 2020, en un escenario marcado por los confinamientos y las restricciones de actividad debido a la pandemia de covid-19, se empezó a detectar un extraño fenómeno en Estados Unidos que quizá no hubiera trascendido el análisis macroeconómico y laboral si no hubiera sido por el avispado trabajo de Anthony Klotz, profesor de la escuela de negocios Mays de la Universidad de Texas A&M, que lo bautizó como *The Great Resignation* («la gran dimisión» o «la gran renuncia»). El nombre habla por sí solo.

La idea de millones de trabajadores estadounidenses abandonando sus empleos o negándose a regresar a ellos tras la pandemia encendió la imaginación de otros tantos millones que no se atrevían a hacerlo, y generó un enorme volumen de literatura a propósito de una supuesta crisis de los recursos humanos, incapaz de retener el talento como en el pasado.

Más allá de lo que un nombre llamativo pueda evocar, lo cierto es que los problemas para encontrar mano de obra no fueron una exclusiva estadounidense y se ha acabado convirtiendo en un quebradero de cabeza no solo para las empresas, sino también para los Gobiernos de todo el mundo, e incluso los bancos centrales que tratan de controlar el devenir de una inflación cada vez disparada.

¿Pero estaban hablando todos de lo mismo? Casi cuatro años después, lo cierto es que no. Hablamos de situaciones diferentes que responden a causas diversas.

En los primeros momentos, se habló de que las ayudas públicas para contener los estragos de la pandemia sobre las empresas y los trabajadores habían desincentivado el interés por trabajar. Sin embargo, estas ayudas y subsidios no se articularon igual en todos los países: en Estados Unidos buscaron apoyar a los que habían perdido su trabajo mediante subsidios y cheques, y en Europa se trató de impedir la destrucción de puestos y evitar despidos con fórmulas como el ERTE (expediente de regulación temporal de empleo).

Dos estrategias diferentes para mantener viva la raíz de la economía y el consumo en un escenario de *shock* sin precedentes desde la Segunda Guerra Mundial. Sin embargo, cuando estos estímulos se retiraron completamente, la situación no se corrigió en ningún lugar. De hecho, empeoró.

Se habló entonces de que la reactivación a varias velocidades de los sectores económicos tras la crisis sanitaria había provocado que los trabajadores de los sectores más rezagados buscarán suerte en otros empleos diferentes. Aquellas actividades más afectadas por los confinamientos, como la hostelería o el turismo, que a la vez son las más necesitadas en uso de mano de obra —es decir, en contratación y en rotación laboral—, se encontraron con problemas inéditos para contratar trabajadores.

Huelga decir que estos puestos no suelen ser los mejor retribuidos, y cuando las empresas empezaron a alertar de sus dificultades no se encontraron precisamente con la comprensión de la opinión pública, sobre todo en un momento en el que la inflación empezaba a desbocarse. Hasta el presidente de Estados Unidos, Joe Biden, se descolgó con un sonoro: *Pay them more!* («¡Pagadles más!»), que escandalizó a los economistas más tradicionales, preocupados no tanto porque los sueldos suban como porque lo hagan en exceso, y esto repercuta en los precios y merme la competitividad.

Pero también ellos estaban de acuerdo, en el fondo, en suspender temporalmente esa ortodoxia para evitar una crisis de confianza en los poderes económicos y políticos por la pérdida de poder adquisitivo similar a la que se produjo durante la Gran Recesión que se inició en 2008. Al menos por un tiempo.

Los precios de la energía, la falta de materias primas, el atasco en las rutas comerciales o la denominada «incertidumbre geopolítica» en un mapa que parece cada vez más revuelto son las claves que elevan la inflación. Sin embargo, los salarios están entre los que la mantienen elevada, ya que los costes laborales, como cualquier otro coste, repercute en los márgenes empresariales, lo cual acaba en la etiqueta de las estanterías de los comercios.

Todo discurso que incluya términos como «fortaleza» o «sobrecalentamiento» del mercado laboral se refiere a esto y en el fondo bebe de la misma retórica que «la gran dimisión»: la dificultad para contratar y retener a los trabajadores tiene un precio demasiado alto.

Ahora bien, ¿son las dimisiones el verdadero problema o un síntoma de algo mayor?

Este fenómeno en Estados Unidos, y en otras economías, coincide con una tasa de paro en mínimos históricos y una falta de mano de obra creciente, al que no es ajeno el envejecimiento de la población y un aumento de las jubilaciones anticipadas y los cambios en los flujos migratorios. En este escenario, dimitir para encontrar otro empleo es más fácil.

Aquí hay una clave que se suele obviar: los renunciantes no se van a su casa, sino a otras empresas. En términos macroeconómicos, que alguien se jubile o prejubile no genera un impacto alcista en los salarios y la inflación, todo lo contrario.

Ahora bien, ¿cuántos son? Según los datos de la Oficina de Estadísticas Laborales del Departamento de Trabajo de Estados Unidos, en su momento máximo, en agosto de 2022, la tasa de dimisiones alcanzó al 3,4 % de los empleos, y, sin embargo, a cierre de 2023, había retrocedido al 1,8 %; una cifra «normal», como la que se registraba antes de la pandemia.

Tenemos un fenómeno de vida bastante más efímero según los datos que lo que aún pronostican la retórica de los profesionales y expertos en recursos humanos. El número de dimisiones, y su peso sobre el empleo, tocó techo solo unos meses después de ser bautizado como «la gran cosa» y a partir de ahí se fue normalizando a niveles que, en el momento en el que escribo estas palabras, estaban alineados con los años precedentes.

Hablando de un país con una fuerza laboral de casi 155 millones de trabajadores —en España apenas rebasamos los 21 millones—, la cifra en número de personas de un porcentaje del 1,8 o 3,4 % sigue dando vértigo, entre 4 y 6 millones al mes, pero insisto: hay que ponerla en su contexto. Y la volatilidad de las dimisiones no ha sido tan alta como el apodo de «la gran dimisión» nos invita a pensar.

Cierto es que en un mercado laboral tenso, con bajo paro, y un sistema de negociación colectiva más desregularizado —como apuntaba en el capítulo anterior el margen de una negociación individual es más flexible—, su impacto sobre las empresas es más intenso.

La pregunta es: ¿qué impacto tendría un aumento similar de dimisiones en un país como España con una tasa de paro disparada, que mantiene una de las cifras de temporalidad y precariedad más altas de la Unión Europea, y cuenta con un sistema de convenios colectivos centralizados para fijar sueldos y condiciones laborales? Averigüémoslo.

La dimisión impensable

¿Cómo se miden las dimisiones en España? Igual que en Estados Unidos: calculando el porcentaje de renuncias sobre el total de asalariados. Mientras allí los datos se recopilan de diversas fuentes administrativas, aquí se obtienen de las afiliaciones a cierre de mes al Régimen General de la Seguridad Social y replicar el cálculo. Aunque me he prometido no aburriros con detalles técnicos de estadísticas laborales, en este caso creo que resulta interesante.

Porque las estadísticas en España distan de ser perfectas, pero para los que saben bucear en ellas resultan bastante más completas y transparentes de lo que mucha gente cree, y este es uno de los mejores ejemplos de su utilidad.

El cálculo de la tasa de dimisiones española nos da un porcentaje de 1,2 %. Solo son dos décimas más desde la pandemia, aunque a muchos quizá les sorprenda una diferencia no tan alejada del 1,8 % estadounidense.

Pero ¿y si os digo que en España, además, podemos dividir entre dos tasas, una correspondiente a los temporales y otra a los indefinidos?, ¿y que mientras la primera ha registrado un comportamiento muy similar —en el ritmo de subida y bajada— a la de Estados Unidos, la de indefinidos no ha hecho sino duplicarse?

Sí, has leído bien, en España desde 2022 hay más dimisiones de trabajadores con contratos fijos que nunca. ¿Ha perdido el país con la mayor tasa de paro de la Zona Euro el miedo a desprenderse de un trabajo para toda la vida? No exactamente.

Existen dos hipótesis para explicar este fenómeno: la reforma laboral de 2021 elevó en 15 puntos porcentuales el peso del empleo indefinido, del 72 al 87 % de los asalariados del sector privado. Esto aumenta las probabilidades de que si te arriesgas a dejar un empleo va a ser a cambio de otro, al menos, igual o más estable.

Antes de la reforma las dimisiones se concentraban en los trabajos temporales, cuyo único consuelo era que su cambio de trabajo no conducía a uno más precario. Eso cuando no se trata de dimisiones forzadas.

Pese a que a nivel laboral y de empleo España es uno de los mercados más volátiles del mundo, esta dimisión es interesante porque muestra cómo un cambio en las oportunidades laborales, en un momento adecuado del ciclo económico, podría disparar las dimisiones para bien.

La segunda hipótesis no es tan optimista, y apunta a que esta nueva oleada de renuncias es síntoma de un trasvase de la precariedad a los nuevos indefinidos. Los trabajadores no dimiten por unas mejores expectativas, sino por las pésimas condiciones del actual.

Un informe publicado a principios de 2024 por Florentino Felgueroso, investigador de la Fundación de Estudios de Economía Aplicada (FEDEA),[4] analizaba esta cuestión desde una perspectiva algo diferente: utilizando la Muestra Continua de Vidas Laborales, una serie de datos de afiliación a la Seguridad Social mucho más completa que la mensual que ya conocemos todos, porque la utilizan los medios de comunicación, pero también más compleja de

---

4. *Apuntes Fedea: Observatorio Trimestral del Mercado de Trabajo.* Boletín No. 8 (febrero de 2024).

procesar, hasta el punto de que solo la utilizan analistas, investigadores y académicos.

Este trabajo hallaba varios hechos sorprendentes. El primero, que solo el 42 % de los que dimitían empezaban en otro trabajo antes de dos meses. Es decir, que la mayoría de los trabajadores no tenían asegurado otro empleo al dimitir. El segundo, que solo un 27 % mejoraba su sueldo con el cambio, un 36 % lo empeoraba y el 37 % restante se mantenía en la misma franja salarial.

El tercero, y más sorprendente, que estos porcentajes no han cambiado sustancialmente tras la pandemia. En otras palabras, los patrones de causa y efecto de las dimisiones no se han modificado, más allá del hecho de que tras la reforma laboral de 2021 se firmen más contratos indefinidos. Las dimisiones seguirían vinculadas a una mala calidad de los puestos de trabajo, o a la insatisfacción de los asalariados con sus condiciones, que a una auténtica expectativa de mejora al renunciar. Y, sin embargo, según el análisis de Felgueroso de los datos de la Encuesta de Población Activa, los asalariados que buscan otro trabajo están en máximos de los últimos veinte años. Alcanzan un 8,6 % a cierre de 2023, muy lejos de los espectaculares porcentajes que nos han vendido algunos portales de empleo y grandes empresas de selección, pero sigue siendo un repunte sorprendente que añade más misterio a este misterio.

Recopilemos las dos hipótesis que los datos nos muestran: por un lado, parece que las dimisiones son positivas y muestran una mejora del dinamismo de un mercado laboral al que las empresas tendrán que adaptarse sí o sí; por el otro, podemos considerar que no es más que un síntoma de la precariedad endémica del empleo en España, en el que la mayoría de las renuncias son en realidad forzadas, aunque ahora lo hagan más trabajadores con contrato indefinido que nunca. Lo cierto es que ambas explicaciones no son incompatibles, y según el sector y el tipo de empleo una pesará más que la otra. Cuando se señala el problema de la falta de mano de obra se apunta a la tecnología, pero también a ramas de actividad asociadas con puestos de baja cualificación y salarios precarios, como la construcción, la hostelería y el comercio, que se han visto afectadas en los últimos años.

En el fondo, las reformas laborales son varitas mágicas: el comportamiento del mercado de trabajo se ve determinado por el modelo productivo, y este no va a dar un giro de 180 grados únicamente por un cambio del Estatuto de los Trabajadores.

El renacimiento de los salarios

Mi empeño en escarbar en el contexto macroeconómico y los datos estadísticos de «la gran dimisión» viene de la necesidad de desmarcar su análisis de una retórica de recursos humanos generosa en eufemismos complacientes hasta el absurdo. Una empresa necesita atraer a profesionales y que se queden tiempo en la misma para evitar perder el valor añadido que aportan al proyecto, y un trabajador quiere las mejores condiciones laborales, lo que significa salarios y otras ventajas competitivas que suponen un coste para el empleador. El equilibrio entre ambos puntos de vista depende del ciclo económico, que determina la oferta y demanda de la mano de obra. En momentos de bonanza, como hemos visto, la segunda supera a la primera y se habla de dinamismo, tensión o sobrecalentamiento del mercado laboral. En las crisis, los trabajadores disponibles superan los empleos existentes —o aceptables— y se habla de despidos, precariedad o volatilidad. Es un mecanismo sencillo de entender y que, más o menos, se cumple en mercados laborales «sanos», pero también en aquellos que registran elevados desequilibrios, como el español, y que poseen una tasa de paro disparatada incluso en los momentos alcistas del ciclo.

¿Y en qué momento estamos? En uno extraño, como comentaba en la introducción. Estamos inmersos en una transformación tecnológica impredecible por ahora, en el que no sabemos realmente qué perfiles profesionales son imprescindibles y cuáles están condenados. Esto hace que la demanda y oferta de trabajadores sufra fluctuaciones en las que el *hype* también tiene demasiado que decir.

Porque ahora somos más conscientes que nunca de que existe una tendencia de fondo ajena a los ciclos. Y es que en un mercado laboral demográficamente menguante, como el que describía en el capítulo anterior, las empresas están obligadas a competir por atraer y retener trabajadores, ni aunque la tecnología reduzca esta presión gracias a la automatización de tareas será suficiente.

Desde un punto de vista macroeconómico, elaborar un diagnóstico es sencillo. Depurar las dimisiones o la falta de mano de obra de cualquier eufemismo y lanzar un discurso pragmático con datos presenta muchas menos complicaciones que gestionar su impacto en el día a día de una empresa. Un profesional de recursos humanos tiene que equilibrar las posiciones de la empresa que le paga el sueldo y la de los trabajadores, y no se me ocurre mayor desafío en este sentido que las dimisiones.

¿Por qué? En el capítulo anterior he apuntado las muchas dificultades que afrontan estos departamentos en cuestiones vinculadas a la integración de las plantillas. Sin embargo, desde el *compliance* a la negociación de despidos y prejubilaciones, se trata de apartados regulados por la normativa o los convenios colectivos. Las dimisiones no siguen reglas. Nadie puede impedir a un trabajador irse, e incluso los famosos pactos de exclusividad o no competencia son difíciles de aplicar —y además solo se hacen con una minoría de contratos—.

Cada empleado que abandona una empresa lo hace por motivos personales variados y su caso implica una negociación específica y personal. Habrá casos en los que la propia empresa le señala la puerta de salida, pero en muchos otros se trata de un problema grave que los empleadores deben aprender a gestionar.

Aunque sigue siendo discutible si nos encontramos ante un escenario excepcional de «gran dimisión», hay un factor de cara a los trabajadores que no se debe soslayar: la digitalización ha ampliado no solo las opciones de buscar otro empleo, sino las de los reclutadores de la competencia para acceder a ellos. Espacios como LinkedIn, que fomenta la conexión entre profesionales como si de una red social se tratara, han facilitado que los reclutadores de la competencia accedan directamente a esos potenciales trabajadores.

En este escenario, ¿cómo pueden los recursos humanos evitar, o al menos minimizar, los riesgos de fugas de talento? Cuando un trabajador anuncia su marcha la respuesta parece fácil: pagarle más. De hecho, se considera que muchos amagos de dimisiones son el punto de partida para negociar una subida de sueldo, de ahí su temido impacto en la inflación, aunque esta respuesta no es tan unánime en el ámbito de la selección del talento.

He perdido la cuenta de las veces en las que un consultor de recursos humanos ha intentado convencerme de que los sueldos no son el factor determinante. Hasta cierto punto lo considero comprensible: no es elegante decirle a tu potencial cliente «la empresa te tiene que pagar mejor», aunque sí existe una razón de peso. Esos profesionales de la captación de talento operan en ámbitos en los que el sueldo del que se parte es tan alto que el dinero no es el factor determinante: hay que ofrecer ventajas adicionales, como conciliación, teletrabajo, ayudas sociales como cheques guardería, seguros médicos, planes de pensiones, tickets comida...

A lo largo de las últimas décadas esos beneficios se han ido extendiendo a un mayor número de trabajadores, pero, como cualquier empresario sabe, tienen un impacto en las cuentas tan relevante como la retribución monetaria, porque a su vez tiene un impacto en los impuestos y cotizaciones que pagan trabajadores y empleadores por su consideración de remuneración en especie.

En los últimos años se habla cada vez más de paquetes de retribución flexible, un nombre mucho más correcto y que se refiere a la capacidad de jugar con la nómina, los complementos y las deducciones tributarias para elevar la retribución neta que percibe el trabajador sin elevar el coste para la empresa.

Estos sistemas son complejos porque dependen de factores como la legislación de cada país como de los acuerdos de negociación colectiva, es decir, los que desarrollan patronales y sindicatos, que muchas veces se marcan no en el ámbito de la empresa, sino del sector. Casar las piezas en este puzle exige auténticos esfuerzos de ingeniería contable, pero las empresas cada vez se adaptan mejor a ellos y son una de las tendencias a tener en cuenta en cada vez más empresas.

En paralelo, se empieza a oír hablar de un tipo de sueldo desligado del coste laboral pero que supone una ventaja competitiva a la hora de captar y fidelizar a los trabajadores. Se trata del salario emocional, que alude a cuestiones como las facilidades para conciliar, la flexibilidad horaria, el teletrabajo o las expectativas de promoción.

Muchos de ellos vienen impuestos no por la voluntad de la empresa, sino por la legislación, de nuevo el *compliance*, que cada vez afecta a más aspectos del trabajo diario. Tiene tanto sentido incluirlos en una oferta de trabajo como prometer que no hay acoso laboral. Sin embargo, una empresa que trata bien a los suyos tiene menos posibilidades de perderlos, aunque para eso es fundamental no mentirles al empezar a trabajar con ellos.

¿A quién quieres contratar?

En anteriores páginas he hablado del temor al impacto en la imagen de las empresas del uso de las redes sociales y plataformas digitales que hacen sus empleados, jóvenes y no tan jóvenes. Un traspiés no solo en la comunicación con las plantillas, sino con los candidatos a formar parte de ella.

Este escenario no se limita a las redes sociales o profesionales, sino que llega hasta las reseñas en páginas como Glassdoor —o incluso las recomendaciones que recopila Google—, que permiten puntuar la experiencia de los empleados. Basta con darse una vuelta por esos espacios para entender las advertencias que lanzan a los navegantes que puedan aspirar a bregar en ese charco laboral. Desde promesas incumplidas en el mismo día de integrarse al puesto de trabajo a ejemplos de una pésima dirección que siempre acaban de la misma forma.

¿Puede quejarse una empresa de la rotación laboral y el escaso compromiso de sus trabajadores cuando parten de la certeza de que tendrán que acabar dimitiendo? Existen compañías, en especial las emergentes o autodenominadas *startups*, aterrorizadas por esta rotación laboral voluntaria, sin entender que la causa está en ellos.

Teniendo en cuenta su sobreexposición mediática —hablamos de empresas que cuentan con un ingente presupuesto en marketing— no sorprende que estas empresas sean las que más se han apuntado a propagar la idea de una «gran dimisión» de las que ellos no son responsables. Es una cuestión de actitud de los candidatos, lo que nos retrotrae al fantasma de la generación Z.

No son las únicas empresas que defienden este punto de vista, aunque son las que más generan *hype* en una cuestión en la que los aludidos, sus potenciales trabajadores, tienen otras cosas que decir. Por ejemplo, que quieren claridad y transparencia, honestidad en la negociación, saber a qué atenerse de verdad al llegar a un sitio.

Muchos profesionales de la selección del talento entonan un *mea culpa* por la calidad de sus ofertas. Admiten que una oferta llena de vaguedades como «buen ambiente de trabajo», «oportunidades de promoción» y «salario competitivo» no dice nada. Afortunadamente, tras la pandemia vemos cada vez menos que se compense esta opacidad con vestir los viernes de manera informal, ofrecer *brunchs* o espacios de trabajo sin paredes, pero con futbolines y máquinas de videojuegos.

Aun así, se siguen leyendo ejemplos de estas retóricas que confunden atraer a trabajadores con un discurso de *influencer* de redes sociales o de presentación de propuesta comercial para una marca de refrescos. Actualmente, ese «buen rollo» se habría convertido en una bandera roja. Puede que la pandemia no fuera la revolución casi mística de la conciencia profesional que muchos presentan, pero ha dado paso a un rebote de la actividad y el empleo mientras ha puesto sobre la mesa cuestiones demográficas, sociales y, por supuesto, económicas, que han llevado al mercado de trabajo por una dirección muy diferente a la previa del reclutamiento clásico, al menos en lo que se refiere a su relato.

Sin embargo, han sustituido ese discurso por el de una versión romantizada de «la gran dimisión» que los datos no avalan, aunque aún persiste en miles de publicaciones de puro *clickbait*[5] laboral que obtiene cientos de *likes*, pero no contribuye a la solución del problema.

Pero lo que menos ayuda a atraer el interés de los candidatos por unas ofertas de empleo es que parezca una lista de deseos imposibles de cumplir por una sola persona. ¿Quién aceptaría un trabajo en el que le piden ochenta y siete funciones inconexas que alguien enumera dejando muy claro que no tiene ni idea de lo que hacen sus propios trabajadores? Si quieres talento, lo primero es entender qué puede hacer por ti.

Con ello no solo demuestran que no saben escuchar a los candidatos, es que ni siquiera se escuchan a sí mismos,

---

5. Inventarse un titular llamativo, exagerado y falso para atraer más lectores.

ni al mercado en el que operan, y eso es un error imperdonable que no se puede tapar con simple mercadotecnia.

Como he explicado hace unas páginas, si la analizamos desde la perspectiva de un mercado laboral, la rotación laboral voluntaria no tiene misterio. Es positiva si mejora la situación de los asalariados, si mejora su situación económica y revela la capacidad de las empresas para competir. Pero si la fuga de talento se debe a que reciben más incentivos por no trabajar que por hacerlo, la situación es la contraria y revela que esa economía tiene un problema porque está plagada de empresas «tóxicas». No hay otra palabra para describir una relación laboral en la que una de las partes expulsa a la otra y encima le culpa por ello.

Sin embargo, existen empleadores que no tienen miedo a las palabras de sus asalariados. De hecho, la esperan. Incluso ha surgido una tendencia en la comunicación corporativa que estimula esas opiniones públicas de los empleados y considera que pueden jugar en su propio favor, convirtiéndoles en «embajadores de marca». En representantes a tiempo completo, a través de su presencia personal, en espacios como LinkedIn. El equivalente digital al boca a boca de la bondad de trabajar para alguien. Es una apuesta arriesgada —siempre hay voces descontentas— y quizá solo esté al alcance de organizaciones que valoran la autocrítica como una de las herramientas indispensables para adaptar su negocio a un entorno de mutación continua.

La gran mayoría de estos profesionales son muy conscientes de que las tensiones de mano de obra de las que llevo hablando desde el capítulo anterior y el actual, y que ellos detectan en sus empresas, no responden solo a un auge de las dimisiones o a una reducción de la mano de obra disponible que hace que considerar a los menores de treinta años o a los mayores de cincuenta trabajadores de segunda ya no sea admisible. También impacta la capacidad de los jefes de saber localizar el talento que requieren.

¿Qué perfiles necesitan las empresas en un contexto como el actual, en el que los cambios tecnológicos, económicos y sociales parecen confabularse más que nunca para crear una espiral de la indeterminación? ¿Qué habilidades o competencias son verdaderamente imprescindibles?

Hasta hace unos años, la criba pasaba por los títulos educativos oficiales. Un indicador cómodo y fiable, pero que ya no resulta suficiente. No es que los estudios no sirvan de nada, es que las tareas exigen capacidades cada vez más actualizadas. Mucho más de lo que permiten los lentos mecanismos burocráticos con los que se elaboran unos currículos académicos oficiales que acaban demasiado rezagados, cuando no desconectados, de las necesidades del mercado laboral.

No son pocos los trabajadores obligados a costearse de su bolsillo este reciclaje profesional que no es precisamente barato. Desde un MBA hasta un curso de programación o idiomas, exigen dinero o esfuerzo que esas personas quieren ver reflejado en su carrera dentro de su empresa. Si no es así, siempre buscarán otras opciones.

Las empresas tenían varias opciones para responder a esta demanda. Además de la más obvia, un ascenso o subida de sueldo, está la posibilidad de costear esa formación. En teoría ganan ambas partes: el trabajador adquiere nuevas competencias que aseguran su puesto de trabajo y el empleador ve reforzado su talento. Pero ahí surge el argumento interno de muchas empresas: «Formo a mi plantilla para que se vaya con la competencia». A pesar de que, si el trabajador lo paga de su bolsillo, su desapego del proyecto y, por tanto, sus posibilidades de fuga, son mucho mayores. En estos casos, los mencionados beneficios sociales y el salario emocional aportan cada vez menor valor añadido. Sobre todo cuando responden a una exigencia legal —el famoso *compliance*— o existen incentivos tributarios que hacen que cada vez más empresas los adopten, como los «planes de pensiones colectivos» que muchos países potencian y empiezan a cobrar cada vez mayor relevancia en mercados laborales como el español.

«La gran dimisión», aunque tenga mucho de *hype*, ha servido para que muchos sectores y muchos trabajadores que no se veían aludidos por unas cuestiones de arquitectura retributiva y gestión del talento, que les sonaban a marketing laboral más que otra cosa, empiecen a considerarse afectados por ellos. En este escenario, los departamentos de recursos humanos tienen la llave para resolver unas tensiones agravadas por dos factores adicionales y, hasta cierto punto, inesperados para la praxis de las relaciones laborales: «el tiempo» y «el espacio».

4.
El holograma como coartada

¿Quién odia al teletrabajo?

¿Tiene sentido obligar a millones de trabajadores a desplazarse cada día a unas oficinas en las que realizan una serie de tareas que podrían perfectamente realizar desde la comodidad de su hogar gracias a Internet?

Las ventajas parecen tan evidentes como numerosas. Citemos solo algunos ejemplos: para los trabajadores supone un ahorro de gasto en transporte o gasolina, a la vez que el tiempo que no se pierde en los trayectos se gana en conciliación y calidad de vida. Para las empresas, el fin de las oficinas «de toda la vida» implica una reducción del coste inmobiliario y de personal derivado de concentrar locales en el centro de las grandes ciudades o en zonas de negocio. Y, por supuesto, el impacto medioambiental y las derivadas que tendría para el desarrollo urbanístico —se acabarían las ciudades dormitorio alrededor de las grandes coronas metropolitanas— sería beneficioso tanto para el conjunto de la sociedad como para la economía de miles de pequeñas localidades. Entonces, ¿a qué esperamos?

Durante la pandemia de 2020 tuvimos la mejor muestra del potencial del teletrabajo, cuando los confinamientos obligaron a las plantillas de empresas de todo el mundo a operar en remoto. Las siglas WFH (Working From Home, o «trabajar en casa») se convirtieron en la marca de una revolución laboral que, tal y como se repetía machaconamente, había venido para quedarse. Pero no.

Un análisis publicado a finales de 2021 por Rafael Muñoz de Bustillo Llorente, de la Universidad de Salamanca, y Enrique Fernández-Macías, del Joint Research Center de la Comisión Europea, estimaba un porcentaje potencial del 37 % de teletrabajadores en España frente al 9,5 % que se alcanzó efectivamente[6] durante los momentos más intensos de la pandemia en 2020. Un año antes, la tasa apenas llegaba al 2,5 %, con lo cual el avance es innegable, pero se antoja bastante escaso ante las expectativas generadas. Por su parte, los «ocasionales», es decir, los que teletrabajaron menos de dos días a la semana, llegaron al 2,8 % desde un 1,7 % en 2019.

En el momento de escribir estas líneas han transcurrido más de dos años y los datos parecen incluso peores. En 2023 el teletrabajo habitual apenas llegaba al 6 % de los asalariados, aunque el ocasional había repuntado al 5,7 % según las cifras del Instituto Nacional de Estadísti-

---

6. Fernández-Macías, Enrique y Muñoz de Bustillo, Rafael (2021). «Modelo productivo, empleo y calidad de empleo. Claves de un futuro pospandémico». *Panorama Social*, *34*, 29-45.

ca. Son mejores datos que antes de 2020 en cualquier caso, insisto.

¿Y qué pasa con los autónomos? Son los grandes olvidados en estos análisis, pese a que son los que de mayor flexibilidad disponen para organizarse y pueden marcar pautas al resto. Pero hay laboralistas que consideran que lo suyo ni siquiera se puede considerar teletrabajo porque no está sujeto a una relación laboral —no tienen un jefe que les diga desde dónde y cómo trabajar—. Esta distinción puede ser relevante en el ámbito legal y de recursos humanos, pero carece de sentido si queremos hacer un análisis global de este asunto. Es más: corremos el riesgo de distorsionar las conclusiones.

Que el hecho de que más del 88 % de los asalariados no teletrabajen ni una hora a la semana debería hacernos pensar que el supuesto fracaso que muchos ven en estos datos es más bien un tropiezo del *hype*.

La mayoría de los que analizan, informan o incluso legislan sobre el mercado laboral son lo que se denomina trabajadores de escritorio que solo necesitan un ordenador y un teléfono para poder funcionar. Muchos ni siquiera son asalariados: un periodista o investigador *freelance* va a tener una visión del teletrabajo muy diferente a la de un operario de almacén o un ingeniero, pero no tan diferente a la de muchos profesionales independientes que necesitan un local para ganarse la vida, o a la de quienes necesitan desplazarse continuamente a los centros de trabajo de sus clientes.

El 30 % de los ocupados por cuenta ajena trabaja desde casa, un porcentaje que dobla al de los asalariados. Y el hecho es que se ha mantenido sin grandes variaciones antes y después de la pandemia.

Lo que sí ha cambiado es el tipo de teletrabajo. Si en 2020 un 19 % lo hacía permanentemente desde casa, en 2023 había retrocedido al 15 %, mientras que los que lo hacen de manera ocasional crecían desde un 10 % a casi un 15 %.

Estos datos nos dicen varias cosas. La primera: que no todas las tareas pueden realizarse en remoto, ni siquiera cuando eres tu propio jefe. Por otro lado, hay muchas profesiones que, si bien admiten el remoto, no se desempeñan con la misma eficacia que a nivel presencial —pensemos en las consultas médicas o la educación infantil—. No al menos con el nivel tecnológico actual.

Bajando un poco más al terreno real, las empresas que invierten millones en oficinas no quieren duplicar esa inversión financiando equipos y mobiliarios para las viviendas de sus asalariados, además de correr con otros gastos como electricidad, internet y agua en los domicilios. También es un problema para la gestión de plantillas: cuestiones tan importantes como la prevención de riesgos laborales se complican en este escenario, a lo que no es ajeno los numerosos cambios legales en países de todo el mundo para clarificar las condiciones laborales y cómo se reparten los costes del teletrabajo.

En España, sin ir más lejos, hemos pasado de una normativa bastante laxa que remitía casi todo, en la práctica, a la negociación colectiva entre empresas y representantes de los trabajadores, a una que fija límites y obligaciones de base que hacen que hoy el teletrabajo sea mucho menos atractivo para el empleador que en 2019. Sin embargo, en otros países, con una legislación menos rígida, también ha habido problemas.

Pensemos en la guerra del retorno a la oficina en grandes empresas en Estados Unidos. En su caso, a la lista de reticencias enumeradas en la sección anterior se suma un extra: el impacto en el coste laboral de la diferencia de régimen tributario y coste de la vida según donde viva cada empleado. Unas diferencias que las diversas regiones y ciudades aprobaron en su momento para competir con sus vecinos para atraer empresas, pero que ahora las están volviendo locas por la manera en la que cada trabajador las aprovecha a título individual.

Por no hablar de que la rentabilidad del trabajo no está nada clara porque se define en términos de productividad. Un concepto económico tan fácil de entender —lo que un trabajador produce en su tiempo de trabajo— como difícil de medir, y que ha sido el objeto de miles de encuestas, estudios y análisis con conclusiones contradictorias a favor y en contra del teletrabajo.

¿La confluencia de estos factores ha hecho fracasar el teletrabajo? Eso dicen. Pero dar por muerto y enterrado al teletrabajo por lo ocurrido en la pandemia es tan erróneo como lo fue erigirlo en la nueva realidad.

El error está en basar los análisis en categorías restrictivas, que ignoran que se trata de una realidad poliédrica. Las estadísticas solo contemplan el denominado WFH («trabajar en casa»); teletrabajo, pero desde casa. Con esto muchos análisis ignoran otras opciones de operativa en remoto y se ciñen a una modalidad ligada a unos confinamientos que, afortunadamente, fueron excepcionales. Huelga decir que las condiciones en las que se desempeñen dependen de la situación económica y familiar. No es lo mismo vivir en un piso de sesenta metros cuadrados con hijos que también tienen que estudiar en casa, que en un chalet que hace las veces de segunda residencia. La mayoría de los teletrabajadores lo que quieren es mayor flexibilidad —eso refleja el repunte de la modalidad ocasional—, no quedarse encerrados en su casa.

Por otro lado, el *hype* ha pasado por alto que la desconfianza entre trabajadores y jefes, como entre proveedores y clientes, es algo natural, y que gestionarla es el pilar de las relaciones laborales y mercantiles. Un ejemplo obvio lo tenemos en sectores como el tecnológico, en el que tener el control sobre qué hacen los empleados y colaboradores se considera vital para evitar fugas de ideas a la competencia. Son los que más negocio hacen con el teletrabajo y han sido los primeros en rechazarlo.

Cómo de la noche a la mañana la retórica directiva de las empresas ha pasado de una apología sin límites a una oposición frontal al teletrabajo, cuando no de amenazas cada vez más explícitas a los resistentes a volver a la oficina. Esto ha hecho mucho daño a la relación entre jefes y trabajadores, y eleva una conflictividad al alza en un momento en el que hay un debate regulatorio más vivo que nunca que podemos resumir entre posiciones economistas y laboralistas.

Las primeras no rechazan el teletrabajo, pero no ven sus ventajas ni lo consideran un modelo maduro para erigirse en nuevo paradigma general; las segundas, han impulsado una regulación que decanta la balanza al asalariado y que en muchos casos convierte la opción de teletrabajar un derecho laboral equiparable a la conciliación entre vida familiar y personal, ante lo que no cabe discriminación ni presiones. Por todo esto, no tiene sentido plantearnos si el remoto ha triunfado o fracasado. Esa guerra, por llamarla así, solo acaba de empezar.

La canción de los nómadas

En los dos capítulos anteriores he apuntado cómo los empleados, en especial los asalariados, son cada vez más conscientes de este nuevo horizonte y las empresas deben aprender a gestionar sus demandas y conciliarlas con sus propios objetivos si quieren ser verdaderamente capaces de atraer el talento. Y esto se traduce en una negociación continua y compleja, sobre todo en un entorno de *hype* en el que «finiquitar» la opción del remoto es tan erróneo como abrazarlo sin freno. No se trata solo de salvar un riesgo para la credibilidad de un empleador —no puedes vender que «el teletrabajo ha llegado para quedarse» y de puertas para dentro amenazar con despidos y exclusión de la promoción a quienes lo reclamen—, sino de conducirse con auténtica inteligencia para sacar partido de este nuevo escenario.

Para ello conviene ajustar las expectativas a la realidad. Identificar teletrabajo y WFH (*Working From Home*), es decir, el efectuado desde nuestro domicilio particular, es problemático y restrictivo. Sobre todo, teniendo en cuenta que la mayoría de los casos, el único requisito para que una tarea se pueda ejecutar en remoto es una conexión a internet y un terminal adecuado, desde un ordenador portátil a un teléfono móvil. Y aquí surgen casos particulares que merecen una atención más detallada.

Antes de 2020, la idea que muchos tenían del teletrabajo se asociaba a los nómadas digitales, presentados como viajeros que aprovechan sus estancias para trabajar a distancia para empresas (como asalariados) o clientes, mientras bombardean sus redes sociales con fotos de playas paradisíacas o conducen una caravana por paisajes dignos de la Tierra Media. No diré que esos afortunados no existan, pero son una minoría, no una categoría profesional que tenga impacto destacado en la economía. Estamos hablando de personas que viajan por el mundo sin ningún tipo de atadura mientras trabajan ocasionalmente a través de plataformas digitales. No se trata de actitud ni de aventura: para poder vivir así debes reunir unas condiciones personales y un cierto colchón económico que no está al alcance de la inmensa mayoría de profesionales por cuenta ajena.

Olvidémonos de los *influencers*: los nómadas reales son otra cosa. Se trata de personas que se establecen, temporalmente o no, en un país que no es el suyo mientras trabajan para clientes de otros Estados. Ganarse en serio la vida con este modelo de trabajo supone pagar impuestos, cotizaciones y realizar trámites para obtener un permiso de estancia o residencia. Porque, aunque lo de nómada suena muy bien, en realidad hablamos de una categoría más de migrantes o trabajadores desplazados.

No es sencillo establecerse en esas condiciones, pero siempre se puede complicar mucho más. Basta con coger esa figura pensada para autónomos o *freelance* y tratar de encajarla a martillazos en el mundo de las relaciones laborales asalariadas.

Tener a una plantilla viajando continuamente por el mundo es una pesadilla de gestión en términos no solo de organización del trabajo, sino directamente burocráticos y tributarios. El coste para el departamento de recursos humanos hace que se limite a perfiles directivos o con condiciones muy concretas, como los equipos desplazados para establecer delegaciones en el extranjero. No es una figura precisamente nueva, pero como hemos visto bastantes veces a lo largo de este libro, «no dejemos que la realidad nos estropee el *hype*».

Al contrario de lo que ocurre con el teletrabajo normal, los nómadas gustan bastante a los economistas, pero no convencen nada a los laboralistas. Lo cual tiene una explicación: muchos países les consideran como una alternativa a la crisis del denominado turismo de negocio, es decir, los viajes de empresas y eventos que la pandemia cortó en seco y que tardaron más tiempo que el turismo convencional en recuperarse. Es una idea que parece haber funcionado muy bien en ciertos destinos asiáticos y que en países como el nuestro quieren replicar.

Los nómadas son más el futuro del turismo que del trabajo, aunque se disfrace de una forma de atraer talento digital y, con ello, empresas innovadoras. Esta visión algo contradictoria ha llevado a auténticos mejunjes legislativos que buscan incentivar a golpe de visado una figura que ni sus propios proponentes parecen tener muy clara.

En algunos casos hemos visto que no pocas empresas los están aprovechado para mandar a sus plantillas a lugares de sol y playa y —aunque esto no lo cuentan— con un coste de la vida inferior, lo que permite pagar sueldos más bajos de los que cobran en las oficinas centrales. Protagonistas de estos experimentos han sido empresas de consultoría o financieras que en sus países de origen han sido objeto de crudas polémicas por las condiciones laborales de sus trabajadores más jóvenes. ¿Hace falta decir a quién mandan a estos programas piloto? Han visto una maravillosa forma de pagar sueldos más bajos mientras blanquean una mala reputación.

Lo anterior no significa que yo no crea en los nómadas. Sencillamente, no creo en visiones miopes que nos apartan de su verdadero potencial: la posibilidad de captar en remoto a profesionales que cobren menos por hacer el mismo trabajo. Una deslocalización vestida de externalización

—generalmente se hace vía subcontratas a empresas o autónomos— que en sectores como el telemarketing es una
realidad desde hace mucho, y que ahora se extiende a cada
vez más actividades gracias a la apuesta por el trabajo en
remoto.

Olvidémonos del eufemismo de los «nómadas»: de lo
que hablamos es de un nuevo tipo de migración digital en
la que los trabajadores se ponen a disposición de empresas
de otras latitudes que pagan mejor que las de su propio
país, que a su vez contratan talento en regiones donde pueden pagar menos por el mismo trabajo. Esto va a generar
una situación inédita. Como los trabajadores no se despla-
zan físicamente, sus países no perderán habitantes y su re-
caudación en cotizaciones, impuestos y consumo generado
se verá reforzada. En principio, tampoco se aprovecharán
de la riqueza que genera ese talento que han cultivado y que
ahora opera en otros países, pero es mucho más fácil que estos profesionales monten sus propios negocios con lo aprendido fuera.

Siguiendo con el argumento, una competencia creciente
por fichar profesionales cualificados por esta vía puede ser
una alternativa a los pronósticos que, como hemos visto,
plantea la evolución demográfica y de la migración convencional. Los desplazados también se ahorran muchos problemas de los que supone instalarse en otro país, empezando por el de convalidar sus títulos universitarios. Esto no
significa que no haya un elemento de fricción laboral y regulatoria en los próximos años: la batalla regulatoria contra

la externalización a estos proveedores digitales del extranjero, que operan desde países que siguen leyes muy diferentes, será mucho más feroz que lo que es hoy.

Pero eso sí: aunque hablamos de un escenario que ya se da en muchos sectores en los que basta con una conexión a internet, un ordenador portátil y un teléfono móvil, el verdadero impacto se verá según el avance tecnológico aumente el porcentaje de actividades en las que se puede teletrabajar. Porque no se trata solo de que empresas y emprendedores se mentalicen para cruzar estas puertas, es que la tecnología tiene que construirlas primero.

El holograma como coartada

A la hora de intentar entender las nuevas realidades laborales, muchas personas se sienten como si se asomaran a un abismo de complejidades y matices similar al de saltar de una perspectiva bidimensional a una en tres dimensiones. La metáfora puede resultar algo basta, pero se ajusta con sorprendente claridad a lo que ocurre cuando introducimos una tecnología que promete una ampliación sustancial en las variables de tiempo y espacio que determinan el ámbito del trabajo.

El problema es que este tránsito no siempre desemboca en el lugar esperado. Si no se hace bien podemos acabar ante una simple ilusión, un holograma que, por muy avanzado que sea, sigue lejos de poder considerarse tangible a los efectos que verdaderamente nos importan.

Lo expresaré de una forma más directa: la digitalización se ha convertido en la argamasa que vincula miles de proyectos y profesionales en remoto, ¿pero podemos decir que su desarrollo se adapta a las particularidades de cada uno de ellos? Aquí es donde el *hype* se pone a prueba. Porque el uso de estas herramientas deja claro que no solo se trataba de conectar a los trabajadores, sino de ejercer un control sobre ellos similar al que se da en el trabajo presencial. De ahí viene la obsesión por ver y ser visto con reuniones interminables por videoconferencia y la sujeción a sistemas de ofimática y mensajería que miden el tiempo que alguien está conectado a esta nueva oficina virtual, y calculan la productividad del trabajador con unas métricas no muy diferentes a las que utilizan las plataformas de las que hablaba en el primer capítulo. Y de golpe, casi sin solución de continuidad, aterrizamos en el metaverso.

¿Cómo podemos definirlo? Hay tres opciones.

La primera, un sistema de realidad virtual y navegación digital descrito por Neal Stephen en su novela *Snowcrash*, con la que pretendía parodiar los excesos de cierta narrativa *cyberpunk* en la ciencia-ficción de los ochenta. La segunda, el término alrededor del que Mark Zuckerberg construyó todo el cambio de nombre de la matriz de Facebook tras varios años en la picota, con la promesa de crear un universo virtual como los de las películas de ciencia-ficción. El tercero, una palabra mágica que busca integrar todos los conceptos acuñados bajo la revolución 4.0 con un nombre que parece asequible y nuevo. Un tren al que se suben miles de expertos y teóricos y no pocas empresas, aunque no tuvieran nada que ver con el proyecto de Zuckerberg.

Lo ocurrido entre 2021 y 2022 fue extraño incluso para los estándares del *hype*. La idea de espacios virtuales se juntó con el enésimo boom de las criptofinanzas para crear un escenario en el que se negociaban millones de dólares y euros en NFTs en entornos con los gráficos de videojuegos bastante alejados de las expectativas de un mundo que prometía poco menos que clonar el real, como en las películas de ciencia-ficción. Y aun así, coló. Surgieron como setas tras una lluvia de otoño los apóstoles de la Nueva Cosa que desaparecieron cuando se empezó a analizar con ojo crítico el fenómeno y, sobre todo, en qué fase estaba la tecnología.

Las primeras arquitecturas supuestamente pensadas para el trabajo y las relaciones profesionales que nos encontramos eran espacios gráficamente idénticos a un videojuego simple o a lo que ofrecía otro videojuego llamado *Second Life* veinte años antes.

Los inversores decidieron implicarse con una tecnología mucho más capaz de cumplir expectativas, como la inteligencia artificial. Aun así, la fiebre por el metaverso no fue completamente estéril. Además de un nombre llamativo, ha producido un montón de aparatos interesantes, aunque lejos del impacto que tuvieron en su momento la BlackBerry o el primer iPhone.

En términos profesionales, la realidad virtual no es tan práctica como la realidad aumentada, en la que en lugar de abandonar el espacio físico que nos rodea para ir al de trabajo seguimos el camino inverso: ampliamos el primero para fusionarlo con las herramientas que utilizamos para desempeñar una tarea, desde teclados virtuales a información completa en tiempo real de lo que miramos. Ni que decir tiene que los gráficos no son tan relevantes, y esa potencia de computación que exigen puede dedicarse a otras cosas. Lo cual hace de la realidad aumentada una tecnología mucho más compatible con las nuevas posibilidades que abre la inteligencia artificial.

La pregunta es: «¿Trabajaremos en el futuro con gafas de realidad virtual o realidad aumentada?». La tecnología existe y se comercializa, pero, hoy por hoy, la clave de su negocio se centra en su adopción por parte de los particulares que pueden pagar su, en ocasiones, desorbitado precio, y determinan si vale la pena hacerlo. Como ocurre con los teléfonos móvil. Motivo adicional para que por ahora resulte más seguro seguir invirtiendo en portátiles, monitores y teclados. Y menos conflictivo.

Además, el metaverso genera nuevas dudas en materia de prevención de riesgos laborales, ciberseguridad, privacidad, desconexión digital —esos aparatos incluyen lecturas biométricas que pueden disparar exponencialmente el control de los trabajadores— que aún no se están analizando con toda la profundidad que requieren.

Como decía al principio de esta sección, el control remoto y automatizado de los trabajadores a través de los datos que recopilan no necesita gafas ni nuevas tecnologías.

En sectores como la industria manufacturera y la logística se cronometra hasta el tiempo para ir al baño, y la incorporación de *gadgets* biométricos solo es un añadido más bajo el mantra de mejorar la productividad.

Lo que puede tener cierta lógica para trabajos mecánicos estructurados en una cadena supone un *shock* para los empleados de oficina. Sobre todo si cuando las tecnologías del Metaverso ofrecen la posibilidad de controlar no ya el desempeño del trabajador, sino su propia presencia y estado de ánimo. Miles de datos, muchos innecesarios, que ahora quedan al alcance del empleador y abren escenarios complejos según cómo se utilicen.

¿Podemos llegar al absurdo de que el futuro profesional de una persona puede depender de su estado de humor los lunes medido según su presión ocular?

Este es un ejemplo extremo, pero que pueda ocurrir es una de las razones por las que las primeras regulaciones sobre la inteligencia artificial se centran en limitar su uso para automatizar el tratamiento de esta información para juzgar y evaluar al trabajador más allá de lo imprescindible.

Aunque la pregunta de fondo remite a la que me hacía al principio de este capítulo: ¿tiene sentido decretar advenimiento del teletrabajo y el fin de las oficinas físicas para acabar encerrando a los empleados en una virtual?

El desarrollo del teletrabajo dependerá de que la tecnología permita aplicarlo en más actividades que las de oficina, pero también de que los responsables de esas empresas sepan aprovecharlo para crear un entorno productivo y flexible sin las ineficiencias del modelo presencial, y esto no se logra cambiando un espacio físico por uno virtual. También hay que pensar en el tiempo que nuestra tarea nos exige.

La leyenda del tiempo

Si repasamos los datos que he expuesto en la primera sección, se aprecia que, aunque el teletrabajo «permanente» ha repuntado en España, el que más se ha incrementado desde sus registros previos a la pandemia ha sido el teletrabajo ocasional. El que se hace de vez en cuando y como complemento al trabajo presencial.

Esto se puede interpretar como la respuesta a una demanda de los trabajadores que cada vez ponen más el foco en la conciliación entre la vida personal y profesional, mientras que supone una solución más viable —y menos costosa— para las empresas que el remoto a tiempo completo. Aunque considerar la jornada híbrida como sinónimo de flexibilidad plantea problemas.

No olvidemos que sigue siendo solo una versión *light* del WFH («trabajar en casa»), que a su vez es solo una variante del teletrabajo en la que nos llevamos a casa los horarios y la mayoría de las exigencias del entorno presencial, ahorrándonos el tiempo de transporte y el código de vestuario. No es poco, pero también presenta desventajas como el relativo aislamiento de nuestros equipos y la ignorancia de mucho de lo que se cuece en las sedes. Por no hablar de lo complicado que resulta, en la práctica, pactar aspectos tan básicos como qué día de la semana se falta a la oficina, que no al puesto.

Si lo pensamos bien, no deja de ser curioso que el debate sobre el teletrabajo y la manera de aplicarlo haya surgido en paralelo con la eclosión de uno anterior: el de la denominada jornada de cuatro días —o treinta y dos horas semanales—, que parte de una premisa que parece muy simple, pero no lo es tanto: «¿Tiene sentido seguir trabajando cuarenta horas a la semana en el siglo xxi?».

La complejidad aquí es de dónde sale esta pregunta. Para unos es la derivada lógica de la mayor productividad que integra la tecnología, que permite hacer más en menos tiempo generando la misma ganancia y, por lo tanto, el mismo salario. Para otros, se debe a la necesidad de repartir un trabajo menguante, también a causa del avance en la automatización. En este caso, también se plantea que el sueldo no se reduzca, lo cual se traduce en una suerte de penalización para las empresas.

Como se ve, partimos de posiciones antitéticas: el primero asume que los robots y las inteligencias artificiales, aunque harán desaparecer muchos puestos de trabajo generarán más, con lo cual se producirá una creación neta de empleo. El segundo, que la destrucción se impondrá.

En el próximo capítulo analizaré estos procesos con algo más de detalle, por ahora baste decir que el lado del que se incline la balanza depende de muchos más factores que la mera tecnología, lo cual hace que estas posiciones maximalistas sean algo ingenuas, sobre todo cuando ese impacto no está claro, pero pretendemos utilizarlo para extrapolar conclusiones que afectan a decisiones como la legislación del tiempo de trabajo. Por ello, aunque las propuestas para reducir sustancialmente el tiempo de trabajo no son precisamente nuevas, no han cobrado visibilidad hasta la pandemia, cuando el *shock* de vernos encerrados y la accidentada implantación del teletrabajo ha hecho que muchos nos planteemos cómo organizar la jornada de trabajo. Y lo han convertido en terreno para el *hype*, pese a que el teletrabajo no tiene nada que ver con esto. Trabajar un número de horas determinadas desde casa puede ser más cómodo o no, pero no es flexibilidad.

Como ocurre con los nómadas, la idea de la jornada de cuatro días se ha convertido en terreno para blanqueamientos y marketing laboral, con muchos lobbies, programas piloto, experimentos y quizá demasiados titulares que buscan el *click* combinándose para distorsionar la percepción pública de este debate. Pero también bastantes análisis rigurosos que han elevado la cuestión al terreno político. En ciertos casos se puede hablar también de un blanqueamiento de la reputación de sectores con condiciones laborales más que cuestionables.

No me atrevería a menospreciar el debate legislativo y en el ámbito de la negociación colectiva sobre el tope máximo de la jornada laboral abierto por países como España. Como mínimo, es algo más serio y que va a tener impacto que las pruebas limitadas que se han planteado hasta ahora.

Más inciertos me parecen sus resultados. La clave es que lo que vale en una empresa o sector no puede aplicarse con la misma facilidad a otro, igual que no podemos proyectar las necesidades de un trabajador de escritorio o portátil al resto. La edad y otras condiciones personales son cuestiones a tener en cuenta. Incluyendo las económicas: a fin de cuentas, quizás interesaría más resolver la cuestión de las horas extra no remuneradas o las jornadas a tiempo parcial no deseadas, el llamado subempleo, que sigue siendo consecuencia de una rigidez en la que los trabajadores que no pueden desempeñarse de manera continua en su puesto durante ocho horas o según considera la empresa o el convenio, son penalizados.

Si me preguntáis, diré que el futuro del empleo mira hacia las treinta y dos horas semanales, pero el proceso no va a ser precisamente inmediato. Hay muchas actividades en las que ya se trabajan menos de cuarenta horas, pero porque son negocios que permiten hacerlo. Y si se quiere reducir el tope de manera que afecte a todos los trabajadores, no basta con un decreto laboral, ni siquiera un gran acuerdo en la negociación colectiva: esto exige un análisis en profundidad de las fortalezas e ineficiencias de nuestro modelo económico y empresarial.

En este capítulo hemos visto que la productividad se considera como el pilar sobre el que pivota el éxito o el fracaso del teletrabajo. Ocurre que si la concebimos como el rendimiento de un puesto de trabajo, esta no depende solo de la persona que lo ocupa, sino de cómo están diseñadas y estructuradas las tareas que desempeñan. En esto deben poner el foco las empresas que abrazan honestamente el teletrabajo, la jornada híbrida o prometen flexibilidad y conciliación laboral. Si algo nos enseñó la pandemia es que tener la capacidad tecnológica para resolver un escenario de limitación a la presencialidad, no es suficiente para que estas tendencias se consoliden y prosperen.

En el caso de España, aunque no se pude decir que sea un ejemplo aislado, muchos han considerado la regulación sobre el teletrabajo o la flexibilidad laboral como un perjuicio a las empresas. Dejando a un lado el *pim pam pum* político, que intento que no tenga cabida en este libro —los empresarios defienden los intereses de sus negocios, los sindicatos los de los asalariados y el Gobierno, según el partido en el poder tenga unos planteamientos ideológicos u otros, pero consideran de la manera que consideran de buena fe— habría que preocuparse por qué clarificar las reglas del juego es un problema. ¿Por falta de agilidad y realismo en el diálogo social, por falta de análisis macroeconómico al diseñar las políticas o por falta de capacidad de reacción de los responsables últimos de aplicarlas? Esta última es la cuestión en la que las empresas pueden actuar.

Si bien, no es previsible a corto plazo un escenario que vuelva a obligarnos a improvisar como lo hizo la crisis sanitaria de 2020, hay un montón de incertidumbres tecnológicas, políticas, sociales y económicas que obligarán a las empresas a adaptar a corto, medio y largo plazo la manera en la que estructuran el espacio y el tiempo de trabajo.

Hablemos de jornada en remoto, presencial, por más o menos horas repartidas de manera diferente o personalizada para cada trabajador asalariado en las mismas condiciones que un autónomo, este va a ser uno de los grandes temas de una conversación laboral. Y aprender a evitar el ruido es uno de los desafíos primordiales para lograrlo.

5.
La rebelión del autómata

El *blues* del algoritmo

Hasta hace unos años, cuando hablábamos de inteligencia artificial (IA) en el ámbito del empleo, pensábamos ante todo en una manera más eficiente de utilizar los datos: su aplicación para la selección y gestión de talento, la evaluación de la productividad o el control del tiempo de trabajo. Cuestiones más cercanas y tangibles que lo que la mayoría de los ciudadanos asocian con el concepto de inteligencia artificial: máquinas que piensan como nosotros y, potencialmente, pueden sustituirnos en nuestro puesto de trabajo. Nada que ver con ese modelo basado en algoritmos tontos diseñados para tramitar información cuyo problema eran los sesgos que podían introducir en las decisiones que afectan a empleados y empleadores y su vulnerabilidad a ataques informáticos. El ejemplo clásico: las plataformas digitales de las que hablaba en el primer capítulo.

Con el advenimiento de los Large Language Models (LLM) (los «modelos masivos de lenguaje»), el fantasma de las máquinas pensantes capaces de reemplazarnos vuelve con fuerza. Este no es un manual técnico y, personalmente, creo que el abuso de jerga informática cuando no es necesaria es una de las grandes fuentes de humo en el ámbito del empleo. Así que voy a ir a lo básico para dar una idea general de esta tecnología para personas a las que afectará y que las utilizarán en su día a día, pero no son sus desarrolladores.

Los «modelos masivos de lenguaje» (LLM) son algoritmos: gestionan una ingente cantidad de datos y, a partir de ellos, aprenden a tomar decisiones y dar respuestas según modelos matemáticos y estadísticos. Y no son nuevos, buena parte de esos algoritmos tontos que no nos preocupaban ya eran anteriormente «modelos masivos de lenguaje».

Ocurre que su eficacia para realizar estos procesos es tal que sirven para tomar decisiones y ofrecer respuestas cada vez más complejas que entran de lleno en la definición de «lo que un humano puede hacer». Y, aparentemente, no hay límite: ya sea buscar un dato en Internet, redactar un libro, crear de cero una ilustración fotorrealista o un vídeo, o incluso programar otros algoritmos, todo parece posible. Esto es lo que se denomina «inteligencia artificial generativa» (IAG).

Pero su impacto no se basa solo en lo que puede hacer, ya que a fin de cuentas utiliza herramientas de *software* que ya existían —y que la integran muchas veces como una oferta adicional a sus productos—, sino en la facilidad de trabajar con ella para obtener resultados que parecen indistinguibles de los que lograría el mejor profesional humano. Todo gracias a que la capacidad de los «modelos masivos de lenguaje» de recopilar e interpretar datos para responder a cualquier tipo de orden es inmensa. O lo parece.

Es llamativo que la inteligencia artificial generativa haya sido protagonista de la campaña de marketing más apocalíptica de la reciente historia de la digitalización, una que apela a miedos sacados de la literatura y el cine de ciencia-ficción más que de la realidad. Que una compañía avise del riesgo de su tecnología suena extraño, aunque no es mala idea si no pretendes vender un producto como captar inversiones y ganarte apoyo político para que la regulación avale tu estrategia frente a la de tus competidores. Se trata de presentarte como la única opción de controlar una revolución que parece incontrolable, y de paso distraer el debate de otros riesgos más tangibles y cercanos que tu tecnología supone. He aquí el verdadero *hype* de la inteligencia artificial.

Para muchos, la inteligencia artificial generativa ha sido su primera toma de contacto real con la inteligencia artificial, por la simple razón de que parece que cualquiera puede usarla sin preparación. No hace falta aprender lenguajes de programación asociados a los algoritmos, como Python o R, por citar dos de los utilizados en los tratamientos de datos, y considerados hasta ahora como «fáciles». Además, sus resultados son espectaculares. Sí, algoritmos que podían escribir textos, producir imágenes o incluso autoprogramarse y conversar con usuarios humanos ya existían antes, pero gracias a la arquitectura de los «modelos masivos de lenguaje» son más eficaces que nunca. Esta visibilidad ha llevado a primer plano un debate económico, legal, político, ético e incluso filosófico que, en realidad, lleva lustros gestándose ante otras formas de inteligencia artificial mucho más desarrolladas para su uso habitual, y que pueden suponer un riesgo en cuestiones clave desde la privacidad y los derechos de autor a la seguridad mundial y los propios derechos humanos. En este contexto, llevar el foco a otro tipo de apocalipsis (como que las máquinas se hagan autoconscientes) es una buena estrategia para evitarse un control regulatorio indeseado.

Pero después de un par de años de promesas de lo que puede hacer la inteligencia artificial generativa o, más bien, los «modelos masivos de lenguaje», muchos parecen haber descubierto que estas tecnologías tienen un límite: la capacidad de computación de los equipos. Es decir, la potencia del *hardware* existente y el consumo energético que requiere. Es significativo que las empresas que más han rentabilizado este reciente éxito en términos de capitalización bursátil no sean las que aplican o comercializan el uso final de estas tecnologías, el *software*, sino las que desarrollan su arquitectura física, como los microchips y las tarjetas gráficas. Esto muestra que los inversores ven más allá del ruido y aunque se toman la inteligencia artificial como algo muy real, entienden que tiene un coste real del que depende su verdadera rentabilidad.

Este condicionante económico ha rebajado el *hype* en los últimos tiempos no solo entre los inversores, también entre los usuarios finales. Muchas empresas que regalaban productos ligados a la inteligencia artificial han empezado a cobrar por el uso de sus funcionalidades; algo lógico, pero que aleja la idea de un uso masivo e inmediato que teníamos hace un año o dos, lo cual no significa que esta tecnología no sea una realidad que no solo determinará el futuro del trabajo: ya lo hace con su presente. Sin embargo, su implantación va a ser mucho más compleja y accidentada de lo que el marketing empresarial y laboral nos dice, que es, por antecedentes previos, lo que ocurre con todos los avances técnicos que tienen un peso relevante en el empleo.

La pregunta es: ¿va a ser la inteligencia artificial diferente a otras revoluciones industriales? Uno de los miedos al hablar de avances en inteligencia artificial es pensar que la máquina piensa más rápido y sin errores que un humano su capacidad de «innovarse» a sí misma. Aquí quizá convenga dar un pequeño paso atrás de, quizá, decenas de miles de años.

Desde el Neolítico, la tecnología siempre ha buscado reducir al máximo el esfuerzo físico y la mano de obra necesaria para la obtención de bienes de cualquier tipo. En cuanto nos dimos cuenta de que un solo individuo cultivando un campo o pastoreando un pequeño rebaño podía obtener más alimento para la tribu que una partida de cazadores y recolectores, no ha habido marcha atrás. Evidentemente no fue ese único individuo hipotético el que desarrolló la agricultura o la ganadería, sino que se trató de un esfuerzo colectivo a lo largo de miles de generaciones humanas, y ser consciente de ello ha moldeado la historia de las sociedades humanes, en el que las de mayor tamaño y capacidad de comunicación han logrado los mayores avances.

La capacidad de las sociedades de compartir ese conocimiento e incorporarlo en su economía y vida diaria se ha disparado en los aproximadamente últimos ciento cincuenta años con las nuevas tecnologías de la comunicación, hasta llegar al escenario actual en el que el ritmo y alcance del progreso parece impredecible. Nuestra interacción con la tecnología también ha cambiado, y hay casos en los que los algoritmos condicionan aspectos del comportamiento humano, como ocurre con las redes sociales, pero no dejan de estar dirigidos por intereses muy humanos.

La idea, muy de ciencia-ficción, de que las máquinas van a pensar por sí mismas con su propio progreso acelerado, y desligarse de, o incluso controlar, las sociedades humanas que las utilizan, sigue siendo bastante discutible. Aunque veamos conceptos como el de singularidad en el ámbito académico, no debe hacernos olvidar que la mayoría de las historias que los inspiran, y que tantos consideran proféticas, son en realidad sátiras en las que los «superrobots» y derivados representaban a otro tipo de amenazas muy diferentes. Otra cosa es que a algunos les guste más el decorado que profundizar en el sentido de lo que nos contaban esas voces.

Sin embargo, lo cierto es que ninguna sociedad va a aceptar masivamente una tecnología cuyo uso no le beneficie completamente, y en este caso la inteligencia artificial sigue en el proceso de convencer a los humanos de hasta dónde puede resultarles útiles.

Yo... ¿robot?

Más allá del *hype* de las grandes compañías, la filosofía, la arqueología o incluso la crítica literaria, lo que supongo que a los lectores les importa es cuál será el impacto real de la inteligencia artificial en el trabajo diario. El principal ya lo hemos esbozado en capítulos anteriores, está en todo lo relativo a la automatización de la gestión de recursos humanos; a las empresas que quieran mejorar el rendimiento de sus plantillas (y de la inversión que les supone crear y mantener un puesto de trabajo) la tecnología les promete herramientas capaces de realizar esa supervisión con una fiabilidad milimétrica. Lo que ocurre es que, a la hora de la verdad, esas promesas no solo no están exentas del riesgo de errores y sesgos, sino que chocan con regulaciones laborales de todo tipo. ¿Podemos poner un ejemplo?: los controles biométricos de los trabajadores.

Pero estas son cuestiones más o menos obvias de las que los empleadores son cada vez más conscientes y los bufetes de abogados se están aplicando a fondo para explicar. Además, ya existe una legislación europea, la Ley de Inteligencia Artificial (que entró en vigor en agosto de 2024), y que dibuja un marco más o menos claro que nos debería permitir sortear esos problemas y centrarnos en las oportunidades que se presentan.

También existen otros ámbitos en los que, por su novedad para el gran público, las cosas ya no están tan claras. Hablamos del miedo ante la posibilidad de que una inteligencia artificial sustituya a un trabajador humano. ¿Está justificado?

A la inteligencia artificial generativa (IAG) se le ha comparado mucho con el aterrizaje de la ofimática hace ya casi cuatro décadas. Puede ser un buen ejemplo si queremos que muchos trabajadores de «cuello blanco» y empresarios de cierta edad se hagan una idea de lo que les viene encima, aunque creo que para cualquiera que esté por debajo de la edad legal de jubilación (y para buena parte de los que la superan) este ejemplo se queda bastante corto.

Si me preguntaran, diría que equivale a la llegada de los ordenadores personales, las *tablets*, los *smartphones* y todos los ecosistemas de *software* que utilizan sistemas informáticos que cualquiera puede utilizar sin ser programador y que sirven para ahorrar tiempo en tareas de todo tipo para mejorar eso que llaman «productividad», aunque también es cierto que no todas las profesiones las utilizan de la misma forma.

Así que me vais a permitir que haga un pequeño ejercicio de «sesgo de ombligo»: ¿se notaría la diferencia si hubiera escrito este libro con un *chatbot*? Como autor me gustaría pensar que mis elecciones retóricas, y mi manera de enlazar argumentos y cifras, no son emulables por un *software*. Seguramente peco de ingenuo y presuntuoso.

Los «modelos masivos de lenguaje» (LLM) convenientemente entrenados pueden imitar lo suficientemente bien mis pautas de escritura para que cualquier lector no familiarizado con mi obra y estilo no note diferencia alguna entre los párrafos redactados de mi puño y tecla y los automatizados, y seguramente con una pulcra corrección gramatical que a mí, a veces, lo confieso, se me escapa.

Alguien objetará que la diferencia entre una inteligencia artificial generativa y un simple corrector ortográfico o gramatical es la capacidad de elaborar el texto desde la hoja en blanco, como haría un humano, aunque cualquiera que se haya molestado en escribir siquiera una lista de la compra entenderá que nuestra mente tiene una arquitectura compleja e impredecible. Puedes sentarte a anotar los ingredientes para una cena y entre olvidos y recuerdos de sabores seguramente acabes con algo completamente diferente al plan inicial. Eso sí, si obtienes un buen resultado, te dará igual.

Los «modelos masivos de lenguaje» no funcionan así. No son cajas negras, sabemos perfectamente cómo funcionan porque los hemos programado nosotros y, aunque esa programación sea cada vez más compleja y haya acabado introduciendo elementos de automatización y aleatoriedad que generan incertidumbre, no significa que no puedan controlarse y corregirse. No tienen libre albedrío porque no tiene ningún sentido que lo tenga.

Lo que ocurre es que, al igual que con el ejemplo de la lista de la compra, si lo que obtenemos nos gusta, a la mayoría no nos importa de dónde sale, a no ser que sean un chef o un gourmet.

La inteligencia artificial generativa (IAG) emplea el mismo viejo truco de darnos la respuesta que cree que debe darnos, «el resultado esperado». Pero esos resultados son cada vez mejores y, sobre todo, nos los da más rápido. Pensad en el alud de imágenes que comparten en redes sociales personas que no tienen ni idea de fotografía, dibujo o edición de vídeo. Solo dan unas instrucciones muy básicas y se conforman con lo que sale. Eso explica la proliferación de contenidos de este tipo en redes sociales donde importa actualizar con la mayor frecuencia posible para llamar la atención de los algoritmos (que también son considerables como inteligencia artificial) que el de conseguir una calidad real, aunque sorprendentemente, en ciertos ámbitos laborales eso mismo se considera más que suficiente.

Por el contrario, en la actualidad, un *chatbot*, por muy bien entrenado que esté para hablar de un tema, tiene más posibilidades de equivocarse profundamente y, por supuesto, plagiar, que un humano. No tiene una memoria reforzada por años de estudio y experiencias profesionales y personales, sino que recurre a la información disponible en bases de datos que combina según una serie de protocolos programados porque detectan que es la manera más adecuada.

Tampoco siente inseguridad ante un posible error, por lo que su urgencia de contraste y revisión es menor, por no decir inexistente. Por ello requiere un continuo entrenamiento, una palabra que suena bien, pero en realidad es como tener que afinar continuamente una guitarra con las cuerdas roídas y las clavijas desatornilladas. Es una herramienta imperfecta si la comparamos con la mente humana y requiere una ingente cantidad de recursos —empezando por los propios datos— para llegar a un resultado aceptable.

Curiosamente, esos factores que se consideran nuestra debilidad, como el tiempo que tarda en aprender, la incertidumbre ante la consciencia de sus propios límites o la predisposición al estrés, son nuestra mayor fortaleza competitiva. Un humano es falible, puede equivocarse, y el resultado de su trabajo es más que discutible. No soy yo precisamente una excepción. Pero soy plenamente consciente de ello.

Si este libro lo hubiera escrito un *chatbot* notarías sesgos, distorsiones —incluso alucinaciones, que es lo que ocurre cuando todo el mecanismo lógico de un contenido se desmorona porque alguno de los engranajes del algoritmo se descompensa— de un tipo muy diferente y concreto. Son errores sistémicos, de programación. Fallos que una verdadera inteligencia no cometería.

Ahora bien: nada de esto significa que la inteligencia artificial sea tonta. El tonto, en realidad, sería yo al usarla de una manera para la que no está pensada y desentenderme. Eso equivale a quitar el freno de mano a un coche cuesta abajo y esperar que atraviese una ciudad como Madrid sin accidentes. Por cierto: si alguien quiere plantearse por qué los coches autónomos no se han impuesto pese a ser perfectamente factibles, este es un buen momento.

Sin embargo, mi pregunta inicial no era si notarías la diferencia si esto lo hubiera escrito un *chatbot*, sino si yo lo hubiera escrito «con» uno. Un matiz muy relevante, porque la inteligencia artificial generativa (IAG) pasa de ser una competencia para mi trabajo como escritor a una herramienta para desempeñarlo.

Para documentarme y agilizar procesos de redacción —por ejemplo, dictando o trasladando notas para que me ayude a estructurarlas— y corrección, ¿quién percibiría algo diferente en ese caso? Seguramente mi editor, que recibiría este manuscrito mucho antes y con menos erratas y patadas a la gramática. A esto, querido lector, se le llama «productividad».

Si no lo he hecho es porque al momento de escribir esto, no tengo muy claro que el uso de la inteligencia artificial generativa en la literatura de divulgación o el periodismo sean un ejemplo de esa productividad. Veo mucho juego y experimento llamativo que siguen aún lejos de entender el verdadero potencial de esta tecnología.

Un ejemplo son las noticias que muchos medios publican para aumentar su audiencia digital posicionándose en motores de búsqueda. Los profesionales de esto saben que la clave no es automatizar la creación de contenidos, sino en simplificar al máximo el uso de los datos y las herramientas de programación para que este proceso resulte mucho más eficiente. Pero claro, para ello hay que entender el proceso y saber qué pedirle a la inteligencia artificial generativa.

Esa es la ola a la que hay que subirse, y para no caerse de la tabla ni estrellarse contra el arrecife hace falta algo más que saber que el agua se compone de moléculas de dos átomos de hidrógeno y uno de oxígeno.

El futuro de la «titulitis»

Sorprende la cantidad de nuevas profesiones que surgen cada vez que se presenta una nueva tecnología, aunque esté en fase beta. En el caso de las inteligencias artificiales generativas el foco han sido los *prompts*, las instrucciones de texto que le damos al programa para que haga algo. Títulos como «ingeniero de prompts» se suman a otros igual de pomposos como «arquitecto del metaverso» que van más allá de cambiar el nombre a algo que ya existe —un programador o un desarrollador de *software*—. En muchas ocasiones se ofrecen como formaciones novedosas con título garantizado en pocos meses y sin conocimientos previos, algo que no ocurre con las verdaderas ingenierías o arquitecturas.

Como decía en el apartado anterior, la revolución de la inteligencia artificial generativa (IAG) no es lo que puede hacer, sino lo que podemos pedirle y cómo lo formulamos. Un ejemplo socorrido es el de las imágenes. Puedo teclear «un perro en un parque» y el resultado será aleatorio, impredecible más allá de dos variables, pero si escribo «foto de un border collie corriendo por el césped de un parque en una mañana soleada de primavera» se parecerá más a una la imagen previa que tengo en la cabeza y menos a una tirada de dados.

Un *prompt* bien hecho incluirá instrucciones para concretar mejor qué debe aparecer y qué no, y evitar distorsiones. Ahora bien, solo si específico tipo de película, ángulo, espectro de color, lente de la cámara y otros factores obtendré un resultado preciso que se pueda calificar de profesional, por el que alguien esté dispuesto a pagar. Y para eso resulta más importante tener una formación específica en fotografía que en programar a una inteligencia artificial.

Por explicarlo de otra forma: el dominio de los *prompt* es como introducir cifras en una hoja de cálculo. Saber hacerlo es importante y aporta valor, pero no he oído nunca a nadie poner en su currículum «ingeniero de Excel».

Este tipo de *hype* formativo o de «titulitis» es habitual ante las innovaciones, no es exclusivo de la inteligencia artificial —ya hemos visto que lo mismo ocurrió con el metaverso— y responde a varios factores que explican que muchos hagan el agosto con él.

Uno es el binomio miedo/ilusión ante la irrupción de una nueva tecnología que puede dejar nuestras competencias profesionales obsoletas y, a la vez, abrirnos a nuevas oportunidades de trabajo. Pero también pesa la certidumbre de que la formación oficial, de rango y calificación académica, se adapta con una exasperante lentitud a ese progreso. El choque entre sistema educativo y mundo laboral siempre es traumático entre aquellos que inician su carrera profesional, pero la cosa es peor cuando toca actualizar la formación en mitad de ella, y no solo para los trabajadores.

¿Pueden unos currículos educativos burocratizados y politizados adaptarse con la suficiente agilidad a las demandas de las empresas en un entorno de innovación constante? Esa es una pregunta clave, pero no es la primera que deberíamos hacernos. La cuestión más urgente a resolver es cómo evitar que ese mismo sistema impida acreditar que los trabajadores tienen el talento que las empresas requieren.

El «reciclaje» y la «actualización» profesional se ha convertido en uno de las grandes pilares de la industria educativa y ha vivido su impulso definitivo en el marco de la digitalización. Además, como mencionaba en el capítulo dedicado a las dimisiones, su coste es un factor de peso en las negociaciones con los trabajadores.

Es un ámbito que abarca desde MBA y títulos similares expedidos por universidades o instituciones internacionales de prestigio, hasta las microacreditaciones que aumentan las competencias de cualquier profesional según se va requiriendo. ¿Pero sirven de algo esas certificaciones a la hora de conseguir un trabajo... o mantenerlo?

El hecho es que la inmensa mayoría no tienen la misma consideración que los expedidos por instituciones académicas «oficiales» en España ni para las empresas ni para los organismos públicos como los servicios públicos de empleo. Por otro lado, su precio hace que muchos no estén al alcance de cualquiera, lo que abre la puerta a una brecha de talento especialmente compleja en el caso de los desempleados.

En páginas anteriores hemos visto que existen causas diversas para el déficit de talento que denuncian los empleadores: demográficas —el envejecimiento de la población—, sociales —los cambios entre generaciones—, económicas —el coste para las empresas de esa actualización de los trabajadores— e incluso de recursos humanos —la dificultad de superar la cultura de la «prejubilación» para recuperar la preferible del relevo—. Sin embargo, una de las más evidentes es el profundo abismo que separa la oferta formativa disponible para preparar a los futuros profesionales y actualizar a los que ya lo son de las necesidades actuales del mercado laboral.

Esto no solo provoca una frustración de expectativas, sino una «depresión de vocaciones» ante las carreras más exigentes que, en el ámbito tecnológico, se está convirtiendo en un motivo constante de preocupación. Aunque también es cierto que en plena oleada de innovación las propias empresas deben replantearse sus necesidades. El marketing lo aguanta todo, y una empresa un día puede venderse ante la opinión pública y los consumidores como apóstol de la jornada laboral de cuatro días, al otro del metaverso y al siguiente como líder de la implementación de la inteligencia artificial. Sin embargo, las decisiones empresariales no pueden funcionar así: suponen apuestas que ponen mucho dinero y puestos de trabajo en juego y comprometen la propia viabilidad del negocio.

Entender lo que de verdad una tecnología puede aportar a un proyecto es fundamental. No valen tendencias, ni modas, ni *hype*. Presentar la inteligencia artificial generativa (IAG) como algo en lo que hay que entrar a ciegas obvia que las empresas que triunfan en un contexto de revolución tecnológica son las que aprovechan las oportunidades mejor que sus competidores. Esto pasa por optimizar los recursos de los que disponen para entender mejor los que necesitan.

Exactamente igual que sus empleados: un trabajador que no aproveche la tecnología para mejorar su desempeño es el candidato perfecto a perder su empleo, y su actualización ha de ser continua. ¿Pero tiene sentido dejarse el sueldo en certificaciones y títulos que, o bien se desactualizan con rapidez o por el contrario prometen dominar una tecnología que ni siquiera ha madurado lo suficiente como para poder aplicarse profesionalmente?

Ante este panorama, paradójicamente, los «modelos masivos de lenguaje» (LLM) lo ponen más fácil que las otras variantes de inteligencia artificial, porque están pensadas para entender lo que le piden y mejorar esta comprensión con su uso. Cuanta más gente la utilice, aunque sea para divertirse subiendo contenidos a redes sociales, más eficaces son los resultados esperados.

Imagínate ahora este principio aplicado a un entorno profesional, donde las órdenes son más simples y concretas y los sesgos y errores más fáciles de detectar y pulir. La única condición es que nunca perdamos de vista que hablamos de una herramienta generalista cuya utilidad radica en adaptarse a lo que cualquier trabajador —desde el contable hasta los responsables de recursos humanos— necesita que haga, nunca a la inversa.

La rebelión del autómata

Este capítulo no pretende minimizar el impacto de la inteligencia artificial en el empleo. Creo que de todos los mitos sobre el futuro del empleo que analiza este libro es el más real, pero conviene ponerlo en contexto ante la confusión y las exageraciones que hemos visto estos años. Recordemos que hasta hace relativamente poco la inteligencia artificial no se consideraba una amenaza de primer nivel a la existencia de puestos de trabajo: la mayoría de análisis otorgaban ese papel a los robots que desempeñan tareas físicas complejas con mayor eficacia que los humanos, igual que los *chatbots* parecen hacerlo con las intelectuales.

¿Alguien se acuerda de aquellos pronósticos? La hipótesis era que lo ocurrido en las cadenas de montaje de la industria se extendería inevitablemente a otros sectores, especialmente los servicios, apuntando directamente a actividades como la logística, conducción y repartos de todo tipo, la hostelería, el comercio y a las tareas de menor cualificación. Usando la terminología clásica, los autómatas estaban llamados a ser *blue collars*.

La pandemia a nivel global de covid de 2020 y 2021 y las restricciones al contacto para evitar la propagación del virus multiplicaron las especulaciones sobre el uso de robots en aquellas tareas que exigían la presencialidad —y con ello un evidente riesgo sanitario—. Desde drones autónomos cuadrúpedos patrullando las calles de Shanghái o drones voladores transportando compras *online* de las grandes empresas de venta *online*, pasando por la ansiada eclosión de los coches autónomos tras casi un lustro de pruebas, las noticias sobre el futuro de androides y robots brillaban con más fuerza que nunca iluminando unos momentos de penumbra, salvo para los trabajadores en esos sectores, claro está.

Sin embargo, la realidad iba por otro lado. Esa robótica de servicios mostró no estar lo suficientemente madura como para ofrecer siquiera un anticipo convincente, y esos trabajadores condenados por la automatización resultaron ser esenciales para efectuar tareas que, al igual que no podían ser realizadas en remoto, tampoco podían ser desempeñadas por máquinas. Y no solo por factores técnicos, sino porque el coste y los riesgos no compensan su uso. Ni siquiera el uso de drones teledirigidos, como vimos en múltiples noticias y anuncios, estuvo a la altura de su *hype*.

Frente a ellos, una tecnología como la inteligencia artificial generativa (IAG) ofrece productos a menor coste y más fáciles de usar, pero que no apunta a los *blue collar* («los trabajadores sin escritorio»), sino a los *white collar* («los asalariados de oficina que desempeñan tareas supuestamente más complejas e intelectuales»).

Este aparente error de predicción se explica, en parte, porque los propios analistas e investigadores son trabajadores «de cuello blanco» (*white collar*). Esto produjo en algunos casos un cierto «sesgo de ombligo» que los llevó a subestimar las posibilidades de automatizar sus propios trabajos, pero tampoco tuvieron en cuenta que el cuerpo humano sigue siendo la máquina más eficiente y segura para realizar determinadas tareas consideradas físicas y rutinarias, y además es infinitamente más versátil. Cualquiera que haya trabajado de mozo de almacén, por ejemplo, puede entenderlo.

Esta es la razón por la que los robots humanoides o androides se han convertido en una obsesión para ingenieros y desarrolladores. No solo por la fantasía de la ciencia-ficción, sino porque son la clave para el futuro de la automatización en sectores como, por ejemplo, la logística. Esto no significa que vayamos a tener un ejército de personal de almacén robótico, pero sí que cada vez habrá más máquinas capaces de automatizar más tareas. La cuestión de cuándo ocurrirá es cuánto costará.

El desarrollo de la nueva generación de robots está inextricablemente conectado con el de la inteligencia artificial, pero su papel en el empleo presenta limitaciones más allá del desarrollo de un algoritmo.

La primera, ya lo he apuntado, es la rentabilidad. Los robots son muy caros y su uso no es igual de atractivo en todos los sectores. En la industria se han utilizado allí donde resultaba más fácil emplearlos, por ejemplo, para realizar tareas de cadena de montaje muy repetitivas. Sin embargo, donde la mano de obra humana resulte más económica y versátil, los costes laborales serán los que se impongan en la ecuación.

Este es uno de los motivos por el que la industria sigue optando por una deslocalización geográfica antes que tecnológica, es decir, que las empresas prefieran fabricar productos como coches y teléfonos en lugares lejanos de sus mercados de referencia y traerlos en contenedores que modernizar una factoría. Por cierto, que esos países donde se instalan las factorías han aprovechado esa inversión extranjera para su propio desarrollo como fabricantes bastante mejor que lo que se hace en nuestras latitudes, todo hay que decirlo.

En los servicios o la construcción esto es aún más complicado. En sectores con miles de pequeñas empresas que también son pequeños comercios, restaurantes, bares, conductores, almacenes, constructores de edificios o rehabilitadores, pero también profesores, cuidadores o empleados de diversos tipos que trabajan para particulares y otras pequeñas empresas y emprendedores, la viabilidad de la automatización de las tareas físicas es incierta.

Se suele decir que un robot no se distrae, no se pone enfermo y nunca tiene vacaciones, pero comete errores y puede averiarse. En una fábrica puede paralizar una línea de montaje, pero cuanto más pequeño es el negocio y menos flexible en su capacidad de organizarse para responder un eventualidad de este tipo —a un robot tampoco se le puede cambiar el turno— su impacto resulta más catastrófico.

La opción para resolver estos riesgos y costes asociados a estas máquinas es el modelo *Robot as a Service* («la robótica como servicio»), nomenclatura heredada de la utilizada para la computación en la nube y que significa, básicamente, alquilar los robots en lugar de adquirirlos. Me atrevo a vaticinar que, al igual que ha ocurrido en el terreno del *software* —incluyendo desde la ofimática tradicional a la inteligencia artificial—, esta será la puerta de entrada de los robots en muchas empresas, eso sí, cuando la tecnología pueda satisfacer la demanda: hacer lo que sus empleadores necesitan que haga.

En definitiva, ¿debemos preocuparnos a corto y medio plazo por nuestros empleos? Sí y no. Los robots y todo ese inmenso conjunto de soluciones digitales que ahora englobamos bajo el término «inteligencia artificial» no avanzan quizás al mismo ritmo que el *hype* nos promete, pero ya están aquí. No hay vuelta atrás.

Sin embargo, no son ellos los que deben preocuparnos. La razón de fondo por la que la automatización por parte de la tecnología es una amenaza para los trabajadores es que sus puestos no ofrecen valor añadido.

Cuanto más mecánica y repetitiva es una tarea, mayor riesgo tiene de desaparecer. Y, aunque, como hemos visto en este capítulo, esta afirmación admite muchos matices, debería convertirse en guía para desarrollar cualquier carrera profesional a largo plazo. No tiene sentido enfrentarse a las máquinas porque son nuestras herramientas, no nuestros sustitutos. La cuestión es dejar de vernos como sustituibles. Ahí está la verdadera rebelión del autómata y la debemos protagonizar nosotros mismos.

6.
Líderes contra hipopótamos

Líderes contra hipopótamos

¿Qué entendemos por «líder» cuando hablamos del mundo de los negocios? Depende. La mayoría podemos estar de acuerdo en que pensamos en «alguien cuya participación optimiza los resultados de los proyectos y las empresas en los que se involucra para conseguir que superen los de la competencia». Cómo lo consigue ya es algo más discutible.

Puede ser gracias a su excelente capacidad de gestión de recursos, pero también por su olfato inversor, la reputación conseguida por éxitos pasados o su magnetismo, carisma personal y mediático.

Como se ve, el significado de la palabra es tan variado que tiene más de adjetivo calificativo que de descripción de un puesto concreto, cuando no de puro y duro eufemismo en contextos en los que chirría, como cuando se aplica a la dirección de una plantilla. ¿Hay una diferencia entre lo que hace un líder de personal y un jefe, mánager o encargado? Aquí entramos en un terreno pantanoso, con cientos de miles de libros, artículos y posts de LinkedIn explicando las diferencias. ¿Qué decir cuando a tener una estrategia de progreso profesional lo llamamos «autoliderazgo»?

¿A qué responde esta moda, si es que es una moda? Más allá del abuso de un término, lo que refleja esta idea es el cambio hacia un modelo de gestión de talento no basado en el mero intercambio en el que una parte demanda un trabajo a la otra a cambio de una retribución. Un esquema que vira con frecuencia al despotismo de quien se siente aferrando la sartén por el mango. Tranquilos, no hablo de una variante de la lucha de clases marxista, sino de algo mucho menos épico y más fácil de percibir en el día a día: de las dinámicas de poder y responsabilidad que generan las jerarquías en las relaciones profesionales.

Los jefes necesitan que sus subordinados respondan para poder responder a sus propios jefes en una escala que depende del tamaño de las empresas. Los emprendedores, en principio, solo rinden cuenta a sus clientes, pero a la vez son clientes de sus propios proveedores. La palabra liderazgo no tiene mucho sentido aquí, a no ser que la entendamos como sinónimo de una forma de gestión de estas complejas redes de interdependencia entre personas. Y, aun así, es una palabra peligrosa.

Igual que la «Ley de Godwin» determina que en cualquier discusión por Internet que se alargue lo suficiente aparecerá tarde o temprano una mención a Hitler, podemos decir que en cualquier charla o presentación sobre liderazgo en el ámbito profesional aparecerá una foto de Steve Jobs. Este fenómeno no tiene nombre, pero se cumple todavía con más frecuencia. Caemos igual en los tópicos cuando queremos desprestigiar un argumento o una réplica que cuando queremos definir e ilustrar el concepto de éxito.

Si Steve Jobs es el rostro del nuevo líder empresarial, no es solo por sus aciertos como empresario, sino porque aplicó una inteligente mercadotecnia que vinculó su imagen personal a la de unos productos tecnológicos revolucionarios. Lo hizo, además, en un momento oportuno para que la jugada construyera un legado perenne de marca personal y empresarial incluso tras su marcha. Los que han venido después intentando seguir ese mismo camino ya no nos caen tan bien. Sabemos que el emperador está desnudo. Y no es que el traje de Steve Jobs no tuviera bastantes costurones, pero influye más el hecho de que el modelo de liderazgo que parecía representar y nos resulta, todavía hoy, inspirador, ha generado también una manada de ruidosos, torpes y devastadores hipopótamos.

¿Hipopótamos? Volvemos a los juegos de palabras. Además de ser uno de los mamíferos salvajes que más muertes causa cada año en África, su nombre coloquial en inglés, *Hippo*, es también el acrónimo de *Highest Paid Person's Opinion* («la opinión de la persona con el sueldo más alto»). Un bicho que también resulta bastante letal para miles de negocios por ejercicio fiscal. Un *Hippo* parece la antítesis del liderazgo que ejemplificaba Steve Jobs y los nuevos líderes que le siguen. Hasta que ves a Elon Musk entrando en la sede de Twitter con un inodoro en los brazos y ves que el problema se define solo.

La cultura del liderazgo basado en referentes personalistas es «hipopotamismo» puro y duro, igual que las viejas prácticas del ordeno y mando, y si parecen exitosas no es porque funcionen, sino porque sus practicantes son algunas de las mayores fortunas del planeta. No significa que sean buenos gestores ni que sepan optimizar la gestión diaria de un negocio, sino que son inversores carismáticos con mucho olfato y fondos que parecen ilimitados y que les permiten colocar a las personas adecuadas al frente de las empresas para defender sus intereses y cumplir sus objetivos. Sin embargo, a la hora de la verdad, incluso estos líderes deben responder también ante socios, arrendadores y accionistas. De ahí deriva esa implicación que parece tan directa en los proyectos: el valor de su marca personal es parte del acuerdo.

Sí, ya sé que esto contradice la visión habitual del joven emprendedor que crea su negocio en un garaje y lo lleva a las estratosferas de la cotización en el Nasdaq. Solo recordaré que a Steve Jobs le echaron de Apple los accionistas mayoritarios y solo regresó cuando demostró que se desempeñaba y acrecentaba su prestigio yendo por su cuenta mucho más que los que habían tomado las riendas de su antigua compañía.

No pretendo cuestionar el mito del liderazgo empresarial, y ni siquiera ponerlo en un contexto pragmático —eso daría para un libro aparte—, solo quiero señalar lo absurdo que resulta en ocasiones trasvasar valores y visiones que surgen de un ámbito profesional muy concreto a otro.

Por supuesto que la reputación de una empresa y de su rostro visible atrae talento, pero no más que los salarios, las condiciones laborales o los plazos de pago a sus proveedores y colaboradores. Como apuntaba en el primer capítulo, esta es una realidad que han aprendido por las malas muchas *startups*, las cuales han copiado la plantilla del liderazgo *jobsiano* en un sector tan boyante como el tecnológico, pero que sufren una rotación laboral inasumible que lastra su capacidad de crecer, no por la falta de talento, sino porque no saben gestionarlo.

Entonces, ¿el liderazgo es un bulo? No. Solo es una palabra con buena reputación y varios significados que a veces se entremezclan en una bola de *hype* que nos lleva, como se dice coloquialmente, a mezclar churras con merinas. Si confundes el liderazgo en los negocios con el liderazgo de personas te vas a llevas muchas sorpresas. Un líder no es una categoría profesional ni laboral, y definirte a ti mismo como tal ante otras personas con las que vas a trabajar no es la tarjeta de presentación más elegante. Tampoco es una medalla o certificación verificable que vas a obtener porque tu equipo obtenga los mejores resultados cuando forman parte de una organización más grande. Las empresas no compiten consigo mismas.

Pero es una palabra cuyo uso —y quizás abuso— en el contexto de los recursos humanos muestra una transformación real de las relaciones laborales: la forma de dirigir en el siglo XXI no puede seguir las pautas de décadas anteriores. El rugido del hipopótamo, del «porque lo digo yo, que para algo soy tu superior» no es eficiente. No es que no queramos jefes, es que no queremos ese tipo de jefes y, a falta de un término mejor, les apodamos «líderes». Aunque de lo que estamos hablando es de un tipo de dirección en la que imperan más las «habilidades blandas», las relaciones personales y la motivación, que el rugido de los viejos hipopótamos.

El pantano de la actitud

Hablar de habilidades blandas (o *soft skills*) es también meterse en un campo de minas del *hype*: no tenemos muy claro qué son, cómo se miden, ni la relevancia a la hora de conseguir un empleo o progresar profesionalmente. Lo que parece que nos dicen los expertos es que nos contratarán por nuestra actitud, y nuestra pasión, antes que por nuestras competencias o nuestra experiencia.

La idea no es mala ni incorrecta, el problema es cuando se interpreta de manera literal. A nadie le contratan por su personalidad si no sabe hacer el trabajo. Si lo piensas, es tan absurdo y contraproducente como darle un puesto de responsabilidad a alguien solo por ser el sobrino de alguien, pero incluso el más descarado nepotismo se matiza con títulos, formación y experiencia.

Lo cierto es que lo que sabemos hacer no importa tanto como la forma en la que nos vendemos. Si te gusta tu trabajo lo harás mejor que si lo odias profundamente, si te llevas bien con tu equipo serán más receptivos a tus instrucciones, si muestras confianza en ellos, responderán. Todo esto es clave para lograr objetivos y para revalidar tu perfil profesional, pero también son un montón de perogrulladas que debería tener claro cualquiera con una experiencia mínima en relacionarse con otros seres humanos; vamos, es de primero de jardín de infancia. Aun así, fallamos estrepitosamente al aplicarla en entornos profesionales.

¿Por qué? Porque a diferencia del aprendizaje en la guardería, el coste de fallar y la recompensa por acertar pueden afectar a nuestro futuro económico, en un espectro que va desde el ascenso al despido. Esa tensión no tiene nada de infantil, y afecta de una manera peculiar en quienes tienen la responsabilidad de dirigir a otras personas, ya que consideran que pueden recibir el castigo por errores ajenos.

Curiosamente, los subordinados lo ven de una manera similar: la culpa es del jefe que no sabe coordinar esfuerzos, o del compañero que no está a la altura. Este tipo de dinámicas es inevitable, pero un líder debería ser capaz de modularlas para que no se convierta en una especie de juego de supervivencia en el que unos ganan, o al menos no pierden, a costa de otros.

¿Cuál es el requisito clave? Empatía, amabilidad, resiliencia, capacidades de comunicación... eso ayuda, pero, sobre todo, se trata de obtener un conocimiento preciso y en tiempo real del trabajo que hace cada uno, cómo se coordinan con los demás y las posibles incidencias que pueden surgir, así como las posibles vías de solución para cada una de ellas. Un jefe no es jefe porque gane más —eso es un efecto, no una causa—, sino porque es capaz de tener una visión más amplia del engranaje humano que componen los equipos a su cargo. Hablamos de gestionar un volumen de información suficiente como para controlar el flujo de trabajo de manera óptima sin bloquearlo. Si no es así, incluso la actitud más maravillosa del mundo se convierte en un lastre.

La tecnología puede dotarnos de herramientas precisas para corregir estas ineficiencias, pero si, como ocurrió con el teletrabajo pandémico, la utilizamos para mantener interminables y constantes videollamadas o, como puede suceder con la inteligencia artificial, para automatizar el control y supervisión constante e intrusivo de los trabajadores, el problema incluso empeora.

En este escenario, las habilidades blandas, el factor humano, son imprescindibles para llegar a donde queremos llegar. Marcan la diferencia. La pregunta es: ¿cómo se evalúan? ¿Sabemos hacerlo?

Pensemos en que lo que a los equipos le importa más no es el proceso del liderazgo en sí, sino los pasos previos y finales que irremediablemente le acompañan: decidir qué talento se necesita y cuándo prescindir de él. Algo sobre lo que ni siquiera el jefe directo tiene siempre el control, porque también se aplica a él.

Muchos procesos de selección incluyen auténticos tests psicológicos que no parecen tener nada que ver con el puesto en sí. Preguntas que oscilan de lo aparentemente arbitrario a lo directamente peregrino, pero que se diría que son la manera más eficaz de verificar si el carácter de una persona puede adaptarse a las exigencias de un puesto.

Sin embargo, con frecuencia esas pruebas esquemáticas, hechas con plantilla, están más pensadas para establecer una nueva forma de filtrar candidatos ante la cada vez mayor limitación a hacer ciertos tipos de preguntas personales —abordaremos esto con más detalle en unas líneas—, que para explorar la capacidad de personas que ya han demostrado su valía en otros ámbitos de la empresa. Si no, no se les propondría para un ascenso. Cuanto más elevada es la responsabilidad de un cargo, más pesan la reputación y las referencias personales de otros directivos.

Lo cual tiene su lógica, pero no supone una garantía de que vaya a responder de la misma forma cuando le toque no solo dirigir a otras personas y asumir presiones y exigencias que le llegarán con una intensidad que nunca antes había soportado. Además, muchas de estas personas se ven refrendadas en su comportamiento por el apoyo recibido de los peldaños superiores de la organización. Se convierten en «hipopótamos», cuando no en algo mucho peor. Y esto provoca un coste millonario a las empresas, no solo por el malestar de los equipos o la pérdida de productividad.

La mala praxis se traduce en un volumen cada vez mayor de demandas al año, que afectan desde los supuestos más graves de acoso laboral a las acusaciones de discriminación que pueden anular políticas salariales de contratación y de promoción, incluyendo, como no, los despidos.

Ante un cuadro cada vez más complejo y con mayores riesgos, sobran los líderes que no sean verdaderos profesionales de la gestión de personas. No es solo una cuestión de actitud o pasión, sino de saber combinar empatía, ética y pragmatismo a la hora de tomar decisiones difíciles que afectan a otras personas.

Ahora bien: ¿se puede encontrar a gente que reúna todos esos requisitos: comprensión integral del proyecto y los objetivos, sintonía con las demandas de sus superiores en la organización, conocimiento de cada puesto para poder elegir quién debe ocuparlo, comprensión de las fortalezas y debilidades no solo profesionales de estas personas, sino también de sus circunstancias fuera del trabajo, así como de las exigencias y requisitos legales y regulatorios para poder encajar toda esta diversidad de piezas de manera que la suma genere beneficios para los trabajadores, los equipos y la empresa?

Seamos serios. A lo mejor estamos pidiendo demasiado.

Nos podemos dar con un canto en los dientes si acertamos al poner al frente a la persona adecuada, que sepa hacer su trabajo y ayudar a los demás a hacer el suyo. Para el resto de tareas, es la organización la que debe construir una estructura óptima que sustente ese tipo de liderazgo.

¿Cómo ayudar a esos profesionales a asumir sus responsabilidades como verdaderos líderes? ¿Cómo evitar que cometan errores que lo lastren? ¿Quién tiene esa tarea en la empresa? Exacto: el departamento de recursos humanos.

Las charlas del bot

El lector se habrá percatado de que en el capítulo dedicado a la inteligencia artificial apenas he hablado de su uso por parte de los departamentos humanos. El motivo es que no me parece algo por venir: las herramientas digitales y algorítmicas para recopilar y gestionar datos se utilizan desde hace muchos años para filtrar currículums y tomar decisiones salariales y de promoción profesional. La inteligencia artificial generativa (IAG), en todo caso, amplía las posibilidades de automatizar tareas que ya estaban más o menos automatizadas.

La pregunta no es ya si tu próxima entrevista de trabajo te la hará un robot. La última, seguramente, ya te la hizo uno, aunque no fueras plenamente consciente.

Lo que cambia es una regulación cada vez más estricta. La llamada Ley de Inteligencia Artificial (que entró en vigor en agosto de 2024) sitúa entre las actividades de «alto riesgo» y cuyo mal uso puede llevar a sanciones a «un filtro de candidatos que revele sesgos y discriminaciones», entre otros abusos. Este es un camino abierto por el control de los algoritmos de gestión de talento que implantaron las plataformas digitales y se han extendido al resto de empresas.

Este hecho tiene dos derivadas: la primera afecta evidentemente a los candidatos; la segunda, a los profesionales encargados de seleccionarlos. Damos por hecho que los responsables de recursos humanos son los que tienen la sartén por el mango, pero lo cierto es que la digitalización ha cambiado enormemente las cosas.

Las redes sociales se han llenado de profesionales de recursos humanos que explican cómo funcionan los procesos de selección y dan consejos para superar una entrevista de trabajo o para retener y fidelizar el talento. Esos *tips* son valiosos, pero demasiado generales: valen para tratar con un abogado, un fontanero o un ingeniero. Algo que no puede parecer lógico teniendo en cuenta que son contenidos que buscan llegar al mayor número de personas, pero lo cierto es que reflejan lo que ocurre en el mundo real.

Hay muchas empresas en las que el profesional responsable de la selección, ya sea un técnico o un *headhunter* (cazatalentos), no conoce bien las tareas que desempeñará el candidato que busca, y tampoco sabe valorar las competencias de las personas a las que llaman.

Esto lo dice alguien que nunca ha superado una entrevista de trabajo convencional. Me he llegado a encontrar con casos en los que miden mi velocidad mecanografiando en un proceso para dirigir una publicación sectorial. Si lo extrapolamos a los casos de profesionales con experiencia de cualquier oficio que acuden a estos procesos de selección se trata de un absurdo hasta cierto punto humillante y que se traduce en un sumidero de talento no visto. A los temibles sesgos por género, edad o etnia, se suma uno por ignorancia de los seleccionadores sobre lo que de verdad necesita la empresa.

La inteligencia artificial debería utilizarse para resolver ineficiencias de este tipo, no para automatizarlas. Y en los supuestos que afectan a la gestión de personas, esto debería considerarse como un imperativo categórico. Sin embargo, no se trata solo de tecnología.

Lo mismo podría decirse del carácter de tests psicológicos de algunas entrevistas. No quiero ser malinterpretado: la psicología es una disciplina clave en la selección de personas, pero lo es más que nunca en un momento en el que la falta de mano de obra se debe a la falta de capacidad de adaptarse a los cambios en la demografía del talento —júnior y sénior—. La capacidad para evaluar las cualificaciones y competencias junto con las habilidades blandas son la clave para derribar estereotipos y buscar el mejor candidato, no podemos limitarnos a fotocopiar cuestionarios, eso ya es tarea y lo realiza un *chatbot*.

Esto es más relevante aun cuando hablamos para evaluar las capacidades de liderar de alguien, ya sea un fichaje externo o parte de la plantilla. El coste económico, legal o reputacional que puede suponer equivocarse al dar poder a la persona errónea supera con creces las ventajas de confiar ciegamente en los aciertos de un líder.

Puede parecer que no me caen bien los responsables de recursos humanos, y seguramente, muchos lectores, por sus experiencias particulares me darían la razón. Lo cierto es que en muchas ocasiones los recursos humanos parecen los villanos de la función que solo aparecen para rechazar el currículum o para entregar la carta de despido, pero lo cierto es que cuando esta es la imagen que se presenta es porque la empresa no sabe gestionar su talento.

En la debacle de las empresas tecnológicas entre 2022 y 2023 buena parte de los ceses golpearon a los responsables de recursos humanos. Los líderes tecnológicos siguieron la lógica de que, como sobraban trabajadores y había que contratar menos, se podía despedir también a los responsables de hacerlo. Este mismo silogismo lo seguirán algunas de las empresas que reduzcan las posibilidades de la inteligencia artificial y automatización como recorte de gastos en plantilla.

Una visión cortoplacista de este tipo puede convencer a los accionistas, pero encadenar vaivenes en el mercado laboral que no responden a la realidad, sino a unas expectativas sesgadas, al *hype*, puede comprometer el futuro de una empresa. Cuando dentro de dos o tres años esas organizaciones, si han sobrevivido, vean que se han pasado de frenada, el ciclo se invertirá y tendrán que reconstruir su poder.

¿Cómo evitarlo? La solución es sencilla: empoderar a los responsables de recursos humanos. Que estén completamente al día de los planes estratégicos de la organización y no se les involucre solo cuando algún equipo necesite cubrir un puesto de trabajo o desalojarlo de la silla. Si las personas son activos tan estratégicos como la tecnología, hay que planificarlo con el mismo rigor: concibiéndolo en términos de inversión, no de coste laboral.

Y para repensar el talento, hay que cambiar a fondo la manera de gestionarlo combinando las habilidades blandas y duras de los profesionales encargados de hacerlo. Convertirles, en una palabra, en líderes.

My Own Personal Leader

Este libro nunca ha pretendido ser un manual ni una ristra de consejos para buscar trabajo. Como he explicado más arriba, no es mi fuerte ni creo que mi experiencia personal sea extrapolable a otros profesionales.

Una práctica que puede parecer poco ética, pero bastante habitual en la industria de los recursos humanos, ha sido la de recopilar información con la excusa de oportunidades que no existen. El objetivo va desde elaborar una radiografía completa sobre determinados sectores hasta obtener los contactos de otros perfiles profesionales más interesantes que el del propio candidato. Cuando un cazatalentos se declara enamorado de tu perfil profesional, pero te pide referencias, la cosa suele ir por ahí.

Aparte de molesto para quien busca un trabajo, esto tiene un riesgo para los propios cazatalentos que lo hacen, ya que la regulación sobre privacidad y control de datos se vuelve cada vez más exigente. Aquí entran los portales de empleo. La digitalización ha transformado radicalmente la búsqueda de empleo, pero también ese negocio paralelo y obscuro del que poco se habla. Publicar ofertas de trabajo para que la gente se apunte gratuitamente a ellas no da tanto dinero como los datos que pueden obtenerse a través de este proceso. Datos que permiten elaborar herramientas *premium* que se venden a grandes compañías, empresas de selección y agencias de colocación.

Esto es lo que llevó a las grandes tecnológicas como Microsoft (LinkedIn), Meta (Facebook) o Alphabet (Google) a apostar por este tipo de funcionalidades vinculadas al empleo entre sus líneas de actividad, aunque con desigual éxito, ya que la información obtenida suele ser caótica. Y la confianza de los propios usuarios en estas herramientas es cada vez mayor. ¿Cuántos currículums hay que enviar para recibir una llamada? Se pueden cuestionar muchas cosas acerca de cómo funcionan los portales clásicos y el auténtico negocio detrás, como de la dudosa legalidad de esas ofertas que aparecen y desaparecen y esos algoritmos que nos descartan solo cinco segundos después de dar al botón de «aplicar». Pero lo primordial si hablamos de lo que vendrá, es que sus usuarios, ya sean candidatos o empresas, asuman que es un modelo llamado a caducar y ser reemplazado por nuevos espacios.

LinkedIn es seguramente uno de los ejemplos más claros de esto. Ha sabido ir mucho más allá de la clásica plataforma en la que se registran vacantes para que cualquiera se inscriba en ellas, para evolucionar y convertirse en una red capaz de hacer negocio con el *networking*, la conexión entre profesionales.

Si hay un principio claro, es que la mejor forma de encarrilar tu carrera profesional es tirando de conocidos. Que alguien hable bien de ti es la forma más habitual de encontrar trabajo y ascender en una empresa, aunque presenta muchos problemas. Citaré solo dos: el *enchufismo* que cierra puertas a personas que no se mueven en los mismos círculos socioeconómicos, y el riesgo de elegir a ciegas a la persona menos apropiada para hacer el trabajo.

Las herramientas tipo LinkedIn prometen romper ese límite jugando con un principio de las redes sociales. Si lo piensas bien, recuerda a la evolución de la red social Facebook: de una red para reencontrarse con antiguos compañeros de estudios, compañeros de trabajo y conocidos del pasado, pasó a ser un espacio para construir nuevas conexiones casi de cero a partir de lo que compartimos en internet. Pues LinkedIn es la famosa marca personal que Microsoft ha convertido en sinónimo de marca profesional.

Por supuesto, LinkedIn como red social aburrida y que ni siquiera los medios de comunicación tienen demasiado en cuenta. La gente intenta poner su mejor cara hablando de su trabajo y vende sus hitos. ¿A quién le interesa tanto postureo cuando puedes desahogarte hablando sin pelos en la lengua de la polémica de turno? A nadie... salvo a quien podría estar interesado en trabajar contigo.

A diferencia de otras redes, los «creadores de contenidos» de LinkedIn no se ven estimulados a disparar sus visualizaciones y seguidores con el anzuelo de conseguir promociones y anuncios de marcas. Una persona con cien seguidores en su perfil de esta web, con un currículum interesante y que hable de los temas oportunos con el tono más adecuado, reflejando una mayor capacidad de habilidades blandas, tiene más posibilidades de encontrar empleo que alguien con diez veces más seguidores y *likes* tratando cuestiones polémicas que enganchan más, pero que nada tienen que ver con su talento profesional. La marca personal no basa su rentabilidad en la cantidad, sino en la calidad.

Es algo que sus hermanos mayores, como la propia Facebook o X (Twitter), nunca han entendido al jugar con la idea de crear bolsas de empleo. Ofrecen más usuarios activos —en LinkedIn es muy habitual entrar solo cuando se busca empleo—, pero únicamente las usan como fuente de entretenimiento y desahogo. Saben que las interacciones que desarrollan, muchas veces anónimas, no invitan a la confianza de los que buscan profesionales.

Con esto no pretendo hacer publicidad a una red concreta. LinkedIn no deja de ser una empresa que hace negocio con nuestros datos, y eso obliga a mantener cierta distancia. Además, tiene un algoritmo al que le encanta fomentar la calidad más que la cantidad. Pero el paradigma que dibuja me parece sólido: nuestras interacciones digitales ya no marcan el ocio, pueden determinar nuestras oportunidades laborales en un mundo de incertidumbre en el que las empresas no tienen claro qué buscan en un momento de revolución tecnológica permanente de los puestos de trabajo.

Se puede objetar que esto solo sirve para determinados puestos. Es cierto, por ahora, pero el futuro de la búsqueda de empleo está llamado a ser mucho más activo que hoy. Aunque solo sea por la simple razón de evitar ofertas falsas y fraudes.

Como apuntaba en el primer capítulo, la digitalización nos ha convertido en proveedores de datos. Muchos de esos datos se usan en nuestro perjuicio. La inteligencia artificial generativa (IAG) y los *chatbots* ya se usan para bombardearnos con mensajes de ofertas de empleo que nos llegan no solo a nuestro correo electrónico, sino incluso a nuestro WhatsApp o cualquier otro servicio de mensajería instantánea. Nada que no se hiciera antes, pero ahora dispara su alcance gracias a unos algoritmos que están cada vez mejor entrenados para engañarnos.

Esto no es solo un problema tecnológico, legal y policial, la industria de recursos humanos va a tener muchos problemas para mantener la confianza para atraer a los candidatos que demandan sus clientes. Y esto obligará a construir nuevas formas de interrelación. Usando, también, a la propia inteligencia artificial en combinación con las redes sociales y otros espacios digitales.

¿Pero va a mantener el mismo equilibrio de fuerzas entre quienes buscan empleo y los que lo ofrecen? Esa es una pregunta que nos tendremos que responder cada uno de nosotros, pero cuando ambos bandos pueden usar la misma tecnología para mostrar lo que pueden hacer no tiene mucho sentido seguir haciendo las cosas de la misma forma.

Epílogo. Elige tu propia aventura

El futuro del empleo está lleno de incertidumbres y es normal que sea así. No es malo encontrarse en un momento en el que toca revisar muchas recetas, por no decir todas las que llevamos aplicando décadas. A fin de cuentas, toda revolución tecnológica abre unas puertas y cierra otras, y son las personas que la aplican las que determinan qué prima: la destrucción o la creación de empleo.

Está por ver si la nueva fase de la digitalización en la que entramos con los nuevos modelos de inteligencia artificial es una revolución o solo ha acelerado la evolución de tendencias preexistentes. Es algo difícil determinarlo entre tanto *hype* apocalíptico lanzado por las empresas que la avalan y tanto gurú tecnológico convertido en profeta laboral. Como estrategia de marketing puede ser rentable, pero como predicción macroeconómica es bastante más cuestionable.

En este libro me he inclinado más por la segunda opción. El debate que se plantea no nos pilla por sorpresa: hace una década que sabíamos hacia dónde apuntaban los desarrollos tecnológicos y hemos visto desaparecer a muchos otros que prometían cambiar nuestro mundo. El problema es que en el «Valle Inquietante» las apariencias no son lo que parecen, y vienen determinadas por un foco mediático muchas veces distorsionado. Por ejemplo, en estas páginas no he hablado del *blockchain* tras el aparente pinchazo de la burbuja de los NFT o la mala prensa de las criptomonedas. Pero más allá de su uso para la especulación financiera, las cadenas de bloques abren un universo nuevo basado en datos para las certificaciones de títulos, los acuerdos comerciales y profesionales e incluso los estrictamente laborales.

Ahora bien, ¿tiene sentido plantearlo en un escenario a corto y medio plazo? A la tecnología y a su regulación les quedan años de arduo trabajo para acompasarse y poder ofrecer soluciones viables y de aplicación general, así que seguramente hablar de esto y sus implicaciones resulta prematuro. Es un tema bastante más complejo y no tan llamativo como el aterrizaje de la realidad virtual o las consciencias digitales, incluso aunque sea clave para este advenimiento. Hablamos de un aspecto del progreso que llegará antes que los robots humanoides en los almacenes y los coches autónomos en las carreteras, pero que tras la pandemia parece aparcado, o que solo ha sido eclipsado hasta que la rotación de la Tierra y la Luna digan lo contrario.

La mayoría de los textos sobre el futuro del empleo ponen el foco en cómo los trabajadores deben adaptarse a una avalancha de cambios imparables e inmediatos que amenaza con pasarnos por encima. Yo prefiero pecar de pragmático y recordar que llevamos toda la vida preparándonos sobre la marcha. Si no nos ha salido demasiado bien —y recordemos que a la hora de escribir estas líneas España sigue siendo el único país de la Unión Europea con una tasa de paro de doble dígito, es decir, más del 10%— ha sido por muchos otros factores que no tienen que ver con los cambios tecnológicos. Estos son una oportunidad, no una amenaza.

La gracia de la inteligencia artificial generativa (IAG), que es ahora el astro que parece ocupar todo nuestro horizonte laboral, no está en su potencia, sino en que la puede utilizar cualquiera; igual que aprendimos a utilizar portátiles, *smartphones, tablets* y el profundo cambio que introdujo en el desarrollo del *software* a través de las aplicaciones con las que trabajan. No fuimos plenamente conscientes de que la metamorfosis desde el teléfono móvil al iPhone iba a transformar nuestra forma de trabajar, pero cuando ocurrió estábamos completamente preparados. Como vimos con el teletrabajo durante la pandemia, ese tránsito fue técnicamente mucho más complejo para las grandes empresas que para los asalariados, por no hablar de los profesionales independientes, que lo tenían completamente dominado, al menos los que lo necesitaban.

El problema que le veo a muchos análisis prospectivos más tecnológicos es que siguen defendiendo un lugar común que hace más de una década que no tiene sentido: «El analfabetismo digital de gran parte de los trabajadores», sobre todo por parte de los séniors, los empleados más veteranos. Que muchas personas no trabajen con tecnología se debe a que su puesto no lo requiere, no porque no sepan o no puedan aprender a aplicarla. Eso nos ha llevado a mitos como los de los «nativos digitales» —que estiman la familiaridad con ciertas tecnologías a partir una franja de edad—, que la realidad se ha encargado de desmontar. Otra cosa es que se aprovechen como excusa para cierto tipo de políticas de contratación y despidos que podemos calificar de *edadistas* (discriminación laboral por razón de edad) aunque no me guste mucho lo que rodea al término y, sobre todo, cómo se usa para una suerte de *agewashing*, un engaño publicitario para ocultar las estrategias de recursos humanos con las que empresas e instituciones excluyen a los trabajadores y candidatos veteranos.

Tampoco es ninguna sorpresa. Si analizamos cómo se gestiona en la actualidad el legado de la gran revolución laboral de las últimas décadas del siglo xx, la incorporación de la mujer al mercado de trabajo, lastrándolo en pleno año 2024 con un desequilibrio sesgado entre la promoción profesional y la conciliación que funciona como una verdadera trituradora de talento, nos encontramos con un precedente aterrador.

No deja de ser curioso cómo el absentismo se convierte en un problema para muchos analistas mientras se demandan líneas más claras que separen la vida personal y profesional, y que conviertan el tiempo de trabajo en algo compatible con la vida. Seguramente algo falla si seguimos en esas dialécticas de la sospecha entre empleadores y empleados.

Mantener un filtro laboral por edad no solo resulta erróneo, injusto e ilegal, sino que puede destruir el potencial de una economía que no sabe aprovechar un porcentaje cada vez mayor de su mano de obra disponible. En el caso de España todavía tenemos que aprender a construir un trasvase entre el talento júnior y sénior que no penalice a ninguno de los dos. Tener semibecarios de treinta años con sueldos de risa y prejubilados a los cincuenta son dos caras de la misma moneda.

Las empresas, las instituciones, los sindicatos y los Gobiernos tienen que asumir esta transformación y sumar esfuerzos para evitar que la pirámide demográfica se convierta en un cráter. Y si alguien espera que la inmigración sea la solución mágica como en el pasado, a lo mejor debería volver a revisar sus cifras de movilidad laboral: una economía que no sabe tratar sacar partido al talento, como ocurre en cualquier compañía, ni lo atrae ni lo retiene ni lo fideliza.

En este sentido, «la gran dimisión» de la que se lleva hablando hasta la saciedad estos años es, con los datos en la mano, un caso de *hype* que esconde una evolución intrigante del mercado laboral, incluso en países como desde el que escribo estas líneas. No deja de ser paradójico que los mismos que llevan lustros diciendo que hay que olvidarse del trabajo para toda la vida se sorprendan de que les hagan caso. La volatilidad laboral voluntaria siempre será mejor que la provocada por el fin de un contrato temporal o un despido si responde a un cambio de trabajo, pero esto es algo que, por desgracia, no siempre sucede.

Pero incluso en esos casos, se muestra lo que ocurre cuando la confianza entre trabajadores y empresas se rompe.

Cuando el trabajo se reduce a una ecuación de coste o gastos y no de inversión en capital, hay que asumir que esto va en las dos direcciones. Y no es una cuestión de edad, de echarle la culpa a la generación Z, Y o X. La demografía del marketing no es la más apropiada para analizar una transformación del mercado de trabajo que cuestiona incluso el mismo concepto de relación laboral.

En cierto sentido, todos somos *cyborgs* económicos. Nada que ver con las películas de ciencia-ficción, llenas de implantes prostéticos y chips cerebrales, no, pero nos hemos convertido en entidades que se relacionan con la realidad tanto a través de interacciones con el mundo físico como con los datos. Hasta el punto de que cuando hablamos de revolución digital hablamos en especial de cómo nuestro valor pivota, sobre todo, a partir de los segundos. Una idea compleja y extraña y de la que no somos plenamente conscientes, pero que no impide que haya creado una industria milmillonaria.

Por eso he dedicado el primer capítulo a una cuestión que, lo admito, puede parecer peregrina: ¿deberían pagarnos o no por subir contenidos a redes sociales y otros espacios de la web? No lo es tanto si vemos cómo las plataformas digitales lo aplican al mundo del trabajo. Desde LinkedIn hasta las empresas de reparto de comida, o las utilidades que miden la productividad, pasando por su uso para entrenar inteligencias artificiales, los datos que generamos, la huella que dejamos, son la nueva materia prima de una industria cuyos beneficios para los que utilizan sus productos parecen claros pero... depende de lo que entiendas por beneficio.

¿Crea empleo la digitalización? ¿Eleva los márgenes de beneficios? ¿La capacidad de producir de tu negocio? ¿Las oportunidades de conectar con clientes y acceder a nuevos mercados? ¿Puede subirte el sueldo? Se puede responder un «sí» a cada una de estas preguntas, pero la rotundidad con la que lo hagamos variará según cada caso particular, según nuestros objetivos.

Lo que pretende este libro es agitar una reflexión en un momento en el que hay quien compara las dudas, los matices, incluso el escepticismo, con una suerte de «neoludismo», un miedo a la tecnología y el progreso. Como si se tratara de rechazar una forma de progreso, cuando resulta igual de irresponsable avanzar a la carrera por un camino sin tener claro a dónde lleva y arriesgando inversiones, modelos de negocio y puestos de trabajo guiados por lo que en este libro he denominado *hype*.

A lo largo de esta obra he citado no pocos ejemplos de cómo la adhesión acrítica a cualquier novedad o tendencia que leamos en titulares de medios de comunicación solo lleva a darnos de bruces con un «Valle Inquietante» de ruido y decisiones equivocadas. Los rankings de profesiones del futuro cambian cada año, incluso las tendencias predictivas que dibujan los organismos internacionales se transforman cada año, aunque también contienen el germen de numerosos aciertos que se confirman años después, cuando ya nadie los esperaba.

Por eso, no he querido enfocar este trabajo como una lista de fracasos. Cada uno de los capítulos refleja realidades vinculadas, sendas que se pueden recorrer en un sentido recto hacia un desenlace, o en el inverso, pero también trazando diagonales o zigzagueando. Esta última opción es la que recomiendo porque es lo que tiene en común el funcionamiento del mercado laboral y el desarrollo tecnológico. Los avances se producen a costa de muchas idas y venidas de tendencias superficiales que nos distraen de la decisión que más nos conviene.

Al final se trata de eso. De saber que somos mucho más libres de lo que nos cuentan para elegir nuestra propia aventura.

Su opinión es importante.
En futuras ediciones, estaremos encantados
de recoger sus comentarios sobre este libro.

Por favor, háganoslos llegar a través de nuestra web:

www.plataformaeditorial.com

Para adquirir nuestros títulos,
consulte con su librero habitual.

«I cannot live without books».
«No puedo vivir sin libros».
THOMAS JEFFERSON

Desde 2013, Plataforma Editorial planta un árbol
por cada título publicado.